KRAFTVOLL
LEBEN
NACH SCHWEREN
ZEITEN

EINE ENTDECKUNGSREISE

KRAFTVOLL LEBEN NACH SCHWEREN ZEITEN

DAS DUNKLE TAL VERLASSEN
UND SICH BESSER FÜHLEN

PETER ZAISER

Bibliografische Informationen der Deutschen Nationalbibliothek: Die Deutsche Nationalbibliothek verzeichnet diese Publikation in der Deutschen Nationalbibliografie, detaillierte bibliografische Daten sind im Internet über http://dnb.dnb.de abrufbar.

Fotorechte
Cover: ©Hans-Peter Rodleitner / Bearbeitung: Peter Zaiser
Innenteil: ©Hans-Peter Rodleitner / Bearbeitung: Peter Zaiser

Verlag:
BoD · Books on Demand GmbH, Überseering 33,
22297 Hamburg, bod@bod.de

Druck:
Libri Plureos GmbH, Friedensallee 273,
22763 Hamburg

ISBN: 978-3-7597-6881-0

Ich widme dieses Buch allen Menschen,

die nach Krisen,

mit Entwicklungen,

Erfahrungen und Entscheidungen

der Vergangenheit hadern.

Es gibt Wege zu einem befreitem Leben.

Dank

Ein kleines wunderbares Team von Helfern hat dieses Buches gelesen, korrigiert und bezüglich der Verständlichkeit bewertet. Viele Testleser haben mir wertvolle Rückmeldungen gegeben. Ich darf mich herzlich bei folgenden Personen namentlich bedanken, die mir durch ihre Korrekturen sehr geholfen haben. Ihnen ist es zu verdanken, dass dieses Buch in der Qualität und Form entstehen konnte:

Thomas Arnold, Sabine Erber, Sabine Gregori, Dr. Daniela Grenz, Dr. Daniela Hudi, Birgit Kuderer, Siegfried Lumpe, und meine liebe Frau Damaris

Ich bedanke mich bei Hans-Peter Rodleitner, der das Foto für das Cover der 3. Auflage mit neuem Titel zur Verfügung gestellt hat.

Inhalt

VORWORT
Seite 13

HEILKRÄFTE DER PSYCHOLOGIE

DAS WESEN DER KRISE
Seite 18

GEFANGEN IN DER KRISE
Seite 28

POSITIVES NACHDENKEN
Seite 37

DENKEN, DAS NICHT HILFT
Seite 41

DIE HÄUFIGKEIT DES GRÜBELNS
Seite 49

WEGE AUS DER FALLE
Seite 55

STRATEGIEN UMSETZEN
Seite 71

HEILKRÄFTE DER NATUR

WERTVOLL FÜR MICH
Seite 77

WASSER-VOLLTANKEN BITTE
Seite 78

ERNÄHRUNG-ESSEN SIE SICH GESUND
Seite 81

RUHE-IN IHR LIEGT DIE KRAFT
Seite 84

TRAINING-BEWEGUNG IST LEBEN
Seite 87

VERBUNDENHEIT MOTIVIERT
Seite 89

OHNE SUCHT-ERLEBEN SIE WAHRES GLÜCK
Seite 90

LICHT-LASSEN SIE DIE SONNE REIN
Seite 92

LUFT-DIE SEELE ATMET MIT
Seite 94

HEILKRÄFTE DER SPIRITUALITÄT

PSYCHOLOGIE UND GLAUBE
Seite 97

DAS DUNKLE TAL VERLASSEN
Seite 102

ZUSAGEN FÜR UNSER LEBEN
Seite 118

HIMMLISCHE THERAPIE
Seite 128

ES GEHT WEITER

AUSKLANG
Seite 138

MEINE ENTSCHEIDUNGEN
Seite 144

LITERATURVERZEICHNIS
Seite 154

VORWORT

Frau Schmied arbeitete seit 20 Jahren im Betrieb. Ein neuer Chef, der sich mit ihr nicht gut verstand, übernahm die Firma. Sie bekam schrittweise immer weniger Arbeit, bis sie schließlich den ganzen Tag ohne Aufgabe im Büro saß. Frau Schmied musste aber in den Betrieb kommen, ansonsten galt das als Arbeitsverweigerung. Sie dachte, es würde schon besser werden, aber der Druck wurde immer größer. Sie, die immer gerne arbeitete, wurde im Betrieb ausgegrenzt und von den Kolleginnen gemieden. Das zog sich über ein ganzes Jahr hin und führte dazu, dass es ihr zunehmend schlechter ging. Sie konnte abends nicht einschlafen, bekam Weinkrämpfe und beschrieb ihren Zustand als inneres Zittern. Schließlich konnte sie nicht mehr in die Arbeit gehen. Während ihres Krankenstandes legte man ihr nahe das Arbeitsverhältnis zu beenden. Ihr fehlte die Kraft zum Widerstand. Sie kündigte und war noch Jahre danach psychisch belastet.

Kennen Sie diese oder ähnliche Erfahrungen? Auf der Grundlage meiner Diplomarbeit für Lebensberatung, meiner persönlichen Erfahrungen und vieler Gespräche mit Menschen, die in einer Krise waren, habe ich dieses Buch verfasst.

Kaum jemand kommt an Lebenskrisen vorbei. Mobbing, Beziehungsprobleme, Sorgen bezüglich der Finanzen, der Tod eines geliebten Menschen, Krankheiten oder Unfälle können einen aus der Bahn werfen. Die Krise ist ein Leiden, das uns bis aufs Äußerste belastet. In solchen Grenzsituationen brauchen wir Menschen, die uns unterstützen, ob das nun Nachbarn, Freunde, Therapeuten oder in Gefahrensituationen sogar die Polizei, Rettungspersonal oder Ärzte sind. Krisen führen zu einer psychischen Ausnahmesituation. Wir brauchen Entlastung. Bleiben Sie in ihrer Krise nie allein, sondern holen Sie sich Hilfe. Menschen sind in der Regel hilfsbereit, wenn sie merken, dass jemand in Not ist. Und wir haben Gott sei Dank ein Beratungs- und Gesundheitssystem, das in der Krise unterstützt, ob das nun der ärztliche Bereitschaftsdienst oder die Telefonseelsorge sind. Auch eine Selbsthilfegruppe kann eine wertvolle Unterstützung sein; dabei entdeckt man, dass man mit seinem Problem nicht allein ist. Jedes Jahr haben rund 25 Prozent, der in Deutschland lebenden Personen, eine Krise in Form einer psychischen Erkrankung.[1] Es ist keine Schande in eine Krise zu geraten, denn es kann jeden von uns treffen.

---

[1] Dossier-Psychische Erkrankungen in Deutschland, Deutsche Gesellschaft für Psychiatrie und Psychotherapie, Psychosomatik und Nervenheilkunde e.V., Berlin, 2018, S.10

Ich möchte in diesem Buch auf belastende Denkmuster aufgrund von vergangenen oder aktuellen Krisen eingehen. Damit ist ständiges Hadern mit dem persönlichen Lebenslauf und der Lebenssituation, ohne einen Ausweg zu finden, gemeint. Diese Problemfixierung, bekannt unter dem Begriff Grübeln, führt zu einer langfristigen Beeinträchtigung der Lebensqualität. Das Grübeln ist eine destruktive Form des Nachdenkens, wobei die Gedanken um mehrere Themen oder ein spezielles Problem kreisen, ohne dabei zu einer Lösung zu gelangen. Diese Gewohnheit bewirkt, dass wir nicht mehr mit Vertrauen und Optimismus durch das Leben gehen. Es entstehen Gedankenbahnen, die unseren Blick verengen und unser Leben in dunkle Farben tauchen. Die pessimistische Interpretation des eigenen Lebenslaufes verfestigt sich, obwohl sich die reale Situation weiterentwickelt hat und man eventuell nicht mehr in der ursprünglich akuten Krise ist. Sie hat sich im Kopf durch Grübeln festgesetzt und sich zu einem chronischen Denkverhalten entwickelt.

In diesem Buch werden Erkenntnisse und Erfahrungen aus dem psychologischen und seelsorgerlichen Bereich zusammengefasst. Folgende Fragen werden gestellt: Welche Mechanismen führen durch eine Krise langfristig zu destruktiven Denkmustern? Wie kann ich den

Teufelskreis des Grübelns verlassen? Wie kann ich mich ganzheitlich stärken, um meine Gesundheit zu fördern? Obwohl die Inhalte sich auf professionelle Lebensberatung und Seelsorge gründen, sollen die folgenden Zeilen keine fachliche Unterstützung durch einen Arzt oder Psychologen ersetzen. Wenn die Anspannung über mehrere Monate den körperlichen und psychischen Gesamtzustand beeinträchtigt hat, ist ein Gespräch mit der Ärztin oder dem Arzt ihres Vertrauens wichtig. Eventuell ist auch eine medikamentöse Behandlung sinnvoll. Verstehen Sie diese Ratschläge als zusätzliche mentale und seelsorgerliche Unterstützung neben der fachlichen Beratung durch Ärzte und Psychologen.

Wir werden drei wesentliche Bereiche ansprechen. Zuerst betrachten wir psychologische Ratschläge, die sich mit unserer inneren Haltung auseinandersetzen. Unser Geist hat die Möglichkeit über die eigene Denkweise zu reflektieren. Der zweite Abschnitt beschreibt die Heilkräfte der Natur. Hier wird meist vom körperlichen Bereich ausgegangen. Was kann ich meinem Körper Gutes tun, um mich mental zu stärken? Wir werden „acht Ärzte der Natur" kennenlernen, die sehr einfach umzusetzen sind und eine starke Wirkung auf unser Wohlbefinden haben. Der dritte Abschnitt, der den seelsorgerlichen Bereich behandelt, beschreibt die vier Schritte aus dem Tal des Grübelns. Hier wird deutlich, dass wir Halt und Sinn im Vertrauen zu Gott finden können. Diese Beziehung wird uns stärken und sich auf unsere Denkweise auswirken. Um einen Veränderungsprozess zu fördern, ist es sinnvoll, nicht nur zu lesen, sondern auch innezuhalten, um über die Aussagen und Fragen nachzudenken, sich Notizen zu machen und Entscheidungen zu treffen. Es ist wie ein Training für neue Gedankenspuren, die ermutigend und befreiend wirken. Immer wieder stoßen Sie in dem Buch auf Fragen, die so gestellt sind, dass Zuversicht und Lösungsschritte ins Blickfeld rücken. Die vielfältigen Inhalte sollen eine Fundgrube sein für den Einzelnen, aber auch für Gruppen, die das Thema miteinander besprechen wollen.

Mit diesen Worten möchte ich Sie ermutigen, sich auf einen heilsamen Prozess einzulassen. Sie möchten ihr Wissen erweitern und jemandem helfen? Sie brauchen Anregungen für eine Selbsthilfegruppe? Ihre Gedanken drehen sich im Kreis? Sie sind wütend über Unrecht, das Ihnen geschehen ist? Sie fühlen sich erschöpft und können doch nicht schlafen? Tanken Sie mit Hilfe dieses Buches und einer ärztlichen Begleitung auf. Finden Sie zu innerer Ruhe und Stärke, Schritt für Schritt.
Ihr Peter Zaiser

DAS WESEN DER KRISE

Herr Huber[2] grübelte schon einige Monate über verschiedene Probleme in seiner Firma. Er war mit dem Auto unterwegs, stieg nach einem seiner vielen Termine in der Nähe eines Windparks aus und ging auf den Hügel hinauf, wo viele dieser weißen Kolosse standen. Seine Probleme schienen so hoch und groß wie diese riesigen Säulen. Die Windräder drehten sich in einer bedrohlichen Geschwindigkeit. Das Sausen der Flügel war durchdringend. Sein Handy klingelte. Er hatte wieder eine dieser frustrierenden Diskussionen mit seinem Chef. Beide wurden laut. Nachdem der Chef aufgelegt hatte, holte Huber aus und warf sein Handy gegen eine der dicken Metallsäulen. Es reichte. Er war am Ende. Ein Nervenzusammenbruch an diesem Tag führte zur Einlieferung in ein Krankenhaus.

Unser gesamtes Leben ist eine ständige Veränderung und Herausforderung, an die wir uns anpassen müssen. Gelingt diese Umstellung nicht, baut sich je nach

---

[2] Die Namen der genannten Beispiele sind verändert worden, außer bei einem Bericht auf Seite 22.

Intensität eine mehr oder weniger starke Krise auf. Sie kann plötzlich wie Lava eines Vulkans hervorbrechen oder sich langsam ins Unerträgliche steigern. Die Krise kann durch einen plötzlichen Schicksalsschlag ausgelöst werden oder sich unterschwellig schon lange auf eine Explosion vorbereiten. Zum Beispiel bei einer Sucht, die sich zwecks Spannungsabbau entwickelt und zum Verlust des Arbeitsplatzes führt wie bei Frau Rieder. Sie arbeitete bei der Kriminalpolizei. Nach dem Dienst saßen alle noch zusammen und tranken ein Bier. Der Alkohol entspannte und ließ den Stress dieses Berufes leichter ertragen. Die entlastende Wirkung von einem Gläschen wurde immer mehr in den Alltag integriert und gehörte für sie auch privat zum fixen Abendritual. Ohne ein Bierchen konnte sie nicht gut schlafen. Sie griff allmählich auch morgens und untertags zur Flasche, um mehr Energie zu haben und alles etwas lockerer angehen zu können. Wenn sie keinen Alkohol bekam, wurde sie nervös. Bald kam ihr die bittere Erkenntnis, abhängig geworden zu sein. Lange Zeit konnte sie es vor ihrer Umgebung geheim halten, bis ihr Chef sie zu sich rief. Sechs Monate später und nach mehreren Versprechen, keinen Alkohol mehr zu trinken, wurde sie in den Krankenstand geschickt und verpflichtet einen Entzug zu machen. Ihre Stelle wurde neu besetzt und sie verlor ihre Arbeit.

Die Sucht ist eine besondere Form der Krise, die in der Folge körperliche, psychische und sozial schädliche Auswirkungen hat. Versagensängste belasten den Betroffenen. Gerade hier ist auch die Gefahr des destruktiven Denkens über die eigene verfahrene Lebenssituation gegeben, die dann umso mehr zu Frustration und Sucht führt.

Ein weiteres Beispiel einer Krise zeigt, wie der Traum vom eigenen Haus zum Alptraum werden kann. Herr Mayer entschied sich mit seiner Frau für eine eigene Immobilie. Dafür mussten sie einen sechsstelligen Kredit aufnehmen, doch die Zinsen waren niedrig und Herr Mayer hatte sein fixes Einkommen. Beim Hausbau wurden von der verantwortlichen Baufirma mehrere schwere Baufehler produziert. Auch Wasser- und Heizungsinstallationen wurden nicht ordnungsgemäß durchgeführt. Die Nerven lagen blank. Herr Mayer vertraute niemandem mehr und wollte alles allein machen. Das kostete Zeit. Die Bank machte Druck, dass das Haus in einem gewissen zeitlichen Rahmen fertig sein musste. Sie konnten aufgrund der höheren Ausgaben den Kredit nicht mehr bezahlen. Das Ehepaar trennte sich und ihr Haus wurde versteigert. Wenn sich solche stressigen Phasen über Jahre dahinziehen, können Familien zerbrechen. Auf den weiteren Lebenslauf wirft diese schmerzhafte Erfahrung einen großen dunklen Schatten, dem man sich kaum entziehen kann. Die Frage, was man anders machen hätte können, nagt an der Psyche, weil man sich mit dem erlittenen Verlust nicht abfinden kann.

Herr Freiburg wuchs in einer emotional kalten Familie auf. Er konnte mit seinen Eltern nicht über seine Gefühle reden. Obwohl seine Eltern beruflich erfolgreich waren und ihn materiell mit allem versorgten, fühlte er sich nicht angenommen. Nach außen hin war alles perfekt, bis die heile Welt zusammenbrach. Der Ehebruch des Vaters und die Scheidung der Eltern verunsicherten den Jugendlichen noch mehr. Es verfestigte sich eine skeptische Haltung gegenüber seinen Mitmenschen und als Erwachsener fiel es ihm schwer, Kontakte zu knüpfen und Freundschaften zu pflegen.

Erfahrungen in der Kindheit und Vergangenheit können das Denken chronisch belasten. Es gibt aber auch panikartige Zustände, die sich dem bewussten Zugriff entziehen. Schockierende Erlebnisse können Traumata auslösen, die sich in der Psyche festsetzen. Die Erfahrung der Hilflosigkeit durch Gewalt, Naturkatastrophen, Kriege, aber auch Krisen wie Schmähungen, Mobbing oder Scheidung können durch den massiv erhöhten Stress zu psychischen Erkrankungen führen. Hier benötigt es eine Therapie, denn diese Störung kann sich tief ins Unterbewusstsein eingraben. Man sollte sich im Falle eines Traumas an qualifizierte Psychotherapeuten oder Psychiater wenden.[3]

An jedem Werktag gibt es in Deutschland im Schnitt drei bis vier Banküberfälle. Auch wenn ein Bankraub meist nur fünf Minuten andauert, werden viele Mitarbeiter die darauffolgenden Angstzustände nicht einfach los. So ist es dem Bankdirektor Herrn Rininsland-Schröder gegangen.[4] Er spürte, während er auf dem Boden lag, am Hinterkopf die Mündung einer Pistole. Er dachte: „Das ist also dein Todestag, Freitag, 12. Januar 2001." Er dachte an seine geliebten Kühe, die er jeden Morgen im Stall versorgte, bevor er sich zur Bank aufmachte. Er rechnete in Gedanken die Höhe der Lebensversicherung aus und überlegte, ob seine Frau damit den Kredit für den Stall abzahlen könnte. Dann drückte der Verbrecher hinter ihm ab, aber die Kugel kam nicht – ein Zündversager. Er hätte jetzt tot sein können. Bei der Polizeidirektion am nächsten Tag sagte eine Beamtin, dass die „Browning" normalerweise einwandfrei funktioniere und es ein Zündversagen nie gäbe.

---

[3] deutsche-traumastiftung.de; dgptw.de (Beratungsstellen), 03.2022
[4] Jürgen Dahlkamp, Der Spiegel, Nr. 7, 2006

Rininsland-Schröder verheimlichte seinen Schock und tat so, als wäre alles in Ordnung mit ihm. Er wollte sich keine inneren Nöte eingestehen und Hilfe beanspruchen. Immer wieder musste er an das Ereignis denken. Er hatte seine Angst nicht verarbeitet und sie zehrte an seinen Kräften. Es fehlte ihm der innere Antrieb und er hatte bei der Erledigung der alltäglichen Aufgaben massive Schwierigkeiten. Der Auslöser der Krise war schon längst Geschichte, doch die Angst beeinträchtigte sein weiteres Leben. Die schockierende Erfahrung hatte sich in seiner Psyche festgesetzt.

Einige der genannten Krisen benötigen unterschiedliche Herangehensweisen und spezielle Therapien, auf die im Rahmen dieses Buches nicht näher eingegangen werden kann. Vielmehr sollen das Wesen der Krise und mögliche Wege aus der Grübelfalle beschrieben werden. Ob man sich nun selbst als schuldig betrachtet oder der Auslöser des Leides von außen mich erfasst hat; alle schmerzhaften Erfahrungen können zur Fixierung an das Erlebte führen.

Wir können zwei Arten von Krisen unterscheiden:
Eine Form sind einschneidende Ereignisse, unvorhersehbare Schicksalsschläge, wie der Tod eines geliebten Menschen, eine Erkrankung oder durch einen Unfall bedingte Invalidität. Auch Trennung, Scheidung, Arbeitsplatzverlust gehören zu dieser Art von Krisen.

Die zweite Gruppe betrifft Krisen durch Veränderungen. In Laufe unseres Lebens machen wir notwendige Entwicklungsschritte, die wir mehr oder weniger gut meistern: Die Kindheit, die Pubertät, das Erwachsenwerden, die Berufsfindung, die Familiengründung, neue Herausforderungen im Beruf, die Ablösung der Kinder, die Pensionierung und schließlich die Konfrontation mit der Vergänglichkeit des Lebens. In all diesen Lebensabschnitten kann es durch fehlende Anpassung zu Krisen kommen.

Vier Verlusterfahrungen[5] bestimmen eine Krise:
Krisen sind im Unterschied zu Herausforderungen oder Schwierigkeiten massive Grenzerfahrungen, die uns alles abverlangen, was wir an Energie aufbringen können. Wir erleben eine Kluft zwischen der Bedrohung und unseren Bewältigungsmöglichkeiten, die sich in dem

---

[5] existenzanalyse.org, 04.2022

intensiven Gefühl der Hilflosigkeit äußert. Die Krise hängt mit vier tragenden Pfeilern zusammen:

1. Der Mensch benötigt Sicherheit. Er will leben und ist dabei auf einen Schutzraum angewiesen. Der Verlust von kurzfristig notwendigen und existenziellen Bedürfnissen wie Nahrung, Gesundheit, Beruf, Finanzen und Wohnung führt zu Ängsten. Langfristiger gesehen besteht die Befürchtung vieles zu verlieren, was man sich an Sicherheiten erarbeitet hat. Das können Karriere, Wertanlagen, Eigentum oder Ersparnisse sein. Der Verlust von Sicherheit verstärkt psychische Belastungen. Ängste und Sorgen beherrschen dann das Denken: „Werde ich wieder gesund? Wie kann ich das finanziell schaffen? Kann ich den Kredit weiter abbezahlen?"

2. Wir brauchen Verbundenheit und Nähe, um Zugang zum Wert des Lebens zu haben. Die sozialen Kontakte geben Halt und Kraft in stressigen und krisenhaften Situationen. Das spiegelt sich in dem Gefühl wider, geschätzt zu werden und angenommen zu sein. Der Verlust von Verbundenheit und wichtigen Bezugspersonen kann zu depressiven Zuständen führen.

3. Der Mensch will zu sich stehen, sich weiterentwickeln, Leistung bringen und Ziele erreichen. Der Selbstwert

und die persönliche Weiterentwicklung hängen auch mit der Anerkennung von außen zusammen. Durch die Krise verliert man eventuell seinen Status und seine Identität. Versagensgefühle machen sich breit und man erlebt sich als minderwertig und ausgegrenzt.

4. Der vierte Pfeiler ist die Überzeugung, dass unser Leben sinnvoll ist. In der Logotherapie nach Viktor Frankl geht man davon aus, dass der Sinn des Lebens nicht zerstört werden kann, auch wenn alle drei anderen Pfeiler wegbrechen. Selbst ein schweres Schicksal kann durch eine veränderte Sichtweise Sinn bekommen. In der Logotherapie lautet der Grundsatz, dass wir darauf vertrauen sollen, dass unser Leben sinnvoll ist - unabhängig von den Umständen. „Sowohl die Lebensqualität als auch der Gesundungsprozess wird in hohem Maße durch den Sinnglauben unterstützt. Dieser schließt ein, dass der Mensch nicht aus purem Zufall da ist."[6] Es gibt einen transsubjektiven Sinn, der in der Krise unseren besten Kräfte herausfordert. Wir können Heilung erfahren, indem wir die negativen Erfahrungen zu einem Erfahrungsschatz machen, der unser zukünftiges Leben bereichert.[7]

---

[6] logotherapie.de; 04.2022
[7] Ebenda

Die Krise lässt manche Lebenspfeiler wegbrechen. Umso mehr Pfeiler fehlen, desto schmerzhafter wird die Situation erlebt. Dazu kann man sich folgende Fragen stellen: Welche Pfeiler sind in meinem Leben vorhanden, die mich stützen und stärken? Was kann ich tun, dass weggebrochene Pfeiler wieder errichtet werden? Im Laufe des Buches werden wir die zweite Frage intensiv beleuchten und Lösungen finden.

GEFANGEN IN DER KRISE

Warum können Krisen zu einem chronisch negativen Denkmuster führen? In der Psychologie spricht man von vier Phasen[8], die wir bei Krisen durchlaufen.

Erste Phase: Schock und Verdrängung
Die erste Phase ist davon geprägt, dass sich ein inneres Chaos breit macht. In einem panikartigen Zustand wird die Realität verdrängt. Wir wollen es nicht wahrhaben. Je nach Situation kann dieser Zustand einige Stunden oder mehrere Tage andauern.

Zweite Phase: Aufbrechende Gefühle
Die Realität wird einem immer mehr bewusst. Wir fühlen uns machtlos, hadern mit dem Schicksal, verspüren Ängste, Hoffnungslosigkeit, Unsicherheit und Wut. Das Leben fühlt sich sinnlos und ungerecht an.

Dritte Phase: Bearbeitung
Langsam klingen die starken Gefühle ab und wir beginnen die Situation zu akzeptieren. Dazu gehört zum Beispiel der Verlust einer Person, einer Arbeitsstelle oder der Schaden durch einen Einbruch. Der Blick richtet sich

---

[8] Dr. Rolf Merkle bei psychotipps.com/lebenkrisen; Dr. Johann Cullberg und Dr. Verena Kast bei quarks.de, 02.2022

wieder nach vorne und wir suchen Lösungen, um die Situation zu bewältigen. Es gelingt allmählich negative Gedanken und Gefühle zu reduzieren.

Vierte Phase: Neuorientierung und Gleichgewicht
Wir lernen uns neu auszurichten, bzw. erkennen vielleicht sogar, dass die Lebenskrise auch Gutes bewirkte. Durch neue Erfahrungen ist es uns möglich, rückblickend einen Sinn in der Krise zu sehen. Wir finden wieder inneren Frieden und können optimistischer in die Zukunft blicken.

Diese vier Phasen können nicht immer deutlich voneinander abgegrenzt werden. Sie verlaufen eventuell nicht chronologisch ab oder können auch wiederkehren, aber zur Orientierung ist das Vier-Phasen-Modell eine Hilfe. Es zeigt, dass wir einen heilsamen Prozess durchlaufen.

Warum gelingt es nicht, die Krise zu verarbeiten?
Es ist möglich, aufgrund eines schwer verkraftbaren Ereignisses in der zweiten Phase einer Krise hängen zu bleiben. Dabei können wir eine Situation schwer akzeptieren, hadern mit dem Schicksal und finden keine neue Lebensperspektive und damit auch kein inneres Gleichgewicht. Findet die Ausrichtung auf ein zukünftiges, sinnvolles Leben nicht statt, kommt es zur Erstarrung und Fixierung auf die erlittene Erfahrung. Wird die

Krise nicht verarbeitet, kommt es verstärkt zu chronischen Erkrankungen wie Depressionen, Süchte, Schlafstörungen, Unruhe, Herz-Kreislaufprobleme, Magen-Darm-Beschwerden, Kopf- und Rückenschmerzen.[9]

Jede Situation ist sehr individuell zu betrachten. Manche Erfahrungen sind schwer verkraftbar, benötigen längere Bewältigungsphasen und eine fachliche Unterstützung. Die folgenden Situationen und Haltungen sind Beispiele für mögliche Hindernisse, um Krisen zu verarbeiten.

Die Weigerung Hilfe anzunehmen

Manche Menschen bräuchten eine medizinische und psychologische Unterstützung, um wieder ins Gleichgewicht zu kommen. Doch sie weigern sich und meinen, sie bräuchten diese Art von Hilfe nicht. Sie lehnen die Begleitung durch einen Arzt, Krisenbetreuer oder Therapeuten ab und bleiben mit ihren psychischen und körperlichen Folgen einer Krise allein. Schlaflosigkeit, Unruhe, Angst oder Depressionen können und sollen behandelt werden. Manche wollen keine Medikamente einnehmen, weil sie sich bezüglich der Nebenwirkungen sorgen. Doch viele Medikamente sind ausgezeichnet und helfen, die innere Ruhe zu finden und damit den Leidensweg zu verkürzen. Wer sich weigert Hilfe

[9] psychotipps.com/lebenskrisen, 10.2022

anzunehmen, verlängert seinen Leidensweg, der dann auch leider einen lebenslangen chronischen Charakter bekommen kann.

Körperliche Ursachen nicht beachten

Die psychische Stabilität hängt auch mit den körperlichen Voraussetzungen zusammen. Sollte man über mehrere Wochen oder sogar Monate nicht aus dem tiefen Loch der Erschütterung herausfinden, stellt sich die Frage, ob durch die Krise der Hormonhaushalt durcheinander geraten ist oder ein nicht erkanntes gesundheitliches Problem eine Beruhigung der Psyche blockiert. Eine Gesundheitsuntersuchung dahingehend kann hilfreich sein. Eine notwendige psychische Verarbeitungsphase soll damit keineswegs infrage gestellt werden – dennoch dürfen körperliche Ursachen nicht aus dem Blick geraten.

Keine Akzeptanz der Vergangenheit

Vergangenes kann nicht rückgängig gemacht werden, ob wir schuld an der Krise waren oder nicht, ist dabei zweitrangig. Das, was geschehen ist, lässt sich nicht mehr ändern. Es kann sein, dass wir diese Tatsache nicht akzeptieren wollen. Über die Vergangenheit zu grübeln, führt nicht zu Veränderungen und macht die vergangenen Monate nicht ungeschehen. Uns steht nur die

Gegenwart zu Verfügung. Das müssen wir akzeptieren, ansonsten versäumen wir die Gelegenheiten des Augenblicks und bleiben in der Vergangenheit stecken.

Mit falschen Entscheidungen hadern

Es kann sein, dass ich eine Entscheidung im Nachhinein als falsch bewerte und ich mir das nicht verzeihen kann. Immer wieder kommt der Gedanke hoch, dass eine andere Entscheidung besser gewesen wäre. Ich spiele gedanklich den ganzen Ablauf durch und sehe mich, wie ich es hätte anders machen können. Durch das wiederholte Nachdenken und die Selbstvorwürfe kommt es zu einer emotionalen Bindung an das Geschehene. Kritik und Selbstkritik an falschen Entscheidungen sind OK, doch wir dürfen uns diese auch verzeihen.

Sich Schuld nicht vergeben können oder verleugnen

Eventuell komme ich zu der Überzeugung, dass ich an der Krise selbst schuld bin und nun hadere ich damit. Ich wünsche mir, anders gehandelt zu haben, denn die Konsequenzen meines schuldhaften Verhaltens sind schmerzhaft und nicht vermeidbar. Das fördert ein emotionales Chaos. Ich kann mir meine Schuld nicht vergeben. Es gibt aber auch ein eingebildetes Schuldgefühl, dass nicht dem Erlebten entspricht und sich nicht auf konkrete falsche Handlungen, sondern auf falsche

Denkmuster gründet. Eine andere Möglichkeit mit Schuld umzugehen, ist sie zu verleugnen. Vielleicht suche ich Ausreden und will den Fehler wegargumentieren. Dann muss ich von der Ungerechtigkeit der Umwelt ausgehen, damit ich in einem besseren Licht erscheine. Und dieser Blick auf das Fehlverhalten der Mitmenschen kann mich dann erst recht an die erlittene Krise binden. Schuld verleugnen oder auf die Umwelt verschieben ist keine gute Lösung.

Rache suchen

Nach einer Krise, in die wir unschuldig geraten sind, stellen wir uns oft vor, was wir mit der Person, die uns etwas angetan hat, gerne machen würden. Wir wollen uns wegen der Ungerechtigkeiten, die uns widerfahren sind, rächen. Dieser Wunsch hat einen an die Situation bindenden Charakter. Leider können manche Geschehnisse nicht zur Anzeige gebracht werden. Es geht oft um Konflikte, die juristisch nicht so festgemacht werden können, wie sie unserem Gerechtigkeitsgefühl entsprechen würden. Die Realität ist, dass viele Verletzungen nicht vor Gericht bestehen können. Dazu kommt noch das hohe Risiko der Anwaltskosten. Letztlich muss man sich eingestehen, dass eine erfahrene Ungerechtigkeit nicht immer aus der Welt geschafft werden kann.

In der Opferhaltung bleiben

Wir erleben uns als ein Opfer der Umstände und haben das Gefühl, nichts dagegen tun zu können. Wir denken darüber nach, wie wir in diese Situation gekommen sind. Wir konnten uns nicht wehren. Wir fühlen uns als Opfer und Verlierer. Es kann sein, dass in diesem Zustand immer weniger getan und immer mehr nachgedacht wird: „Wie und warum bin ich in diese Lage gekommen?" Diese Frage führt nicht zu Lösungen, sondern zu angeblichen Ursachen, die wir nicht mehr ändern können. Wenn wir uns nicht von der Vergangenheit lösen, führt dies zu einem Gefühl der Hilflosigkeit. Wir bleiben in der Opferhaltung gefangen. Hier spricht man auch von einer „erlernten Hilflosigkeit", die jegliche Motivation, zukünftige Ereignisse zu gestalten, schwächt. Letztlich führt diese Erwartung von Unkontrollierbarkeit oft zu psychischen Erkrankungen.

Angst vor der Zukunft

Nicht nur der Blick in die Vergangenheit kann emotional binden, auch der Blick auf die kommenden Monate hat seine Tücken. Schwere Zeiten führen öfter zu Unsicherheiten bezüglich der Zukunft. Ein Arbeitsplatzverlust durch eine längere Krankheitsphase wirft die Betroffenen aus der Bahn. Sorgen bezüglich der finanziellen Herausforderungen lassen einen nicht zur Ruhe kommen und sind ein guter Nährboden für ein

Gedankenkarussell. Das kostet Kraft und schwächt Leib, Seele und Geist. Es gibt viele berechtigte Sorgen, die nicht so einfach beiseitegeschoben werden können. Diese Dynamik fördert das ständige Grübeln.

Pessimismus pflegen

Wenn eine Person überzeugt ist, dass sie keine Kontrolle über zukünftige Ereignisse hat, kommt es oft zur Lähmung oder Depression. Sehen wir uns über eine längere Zeit als Opfer der Umstände und haben den Eindruck, dass wir keinen Einfluss auf eine Verbesserung der Situation haben, wird die Denkstruktur langfristig verändert. Durch die Überzeugung, nichts tun zu können, ergibt sich eine negative Sicht des Lebens. Verharren wir in dieser Interpretation, dann kommt es zu einem Gewöhnungseffekt. Die negativen Schnittstellen sowie ihre Verbindungen werden trainiert und können immer schneller abgerufen werden. Wir verfallen immer leichter ins Grübeln, je öfter wir damit anfangen. Es entsteht ein chronisch negatives Denkmuster. Der Mensch kreist um sich und ist gefangen in seiner Sichtweise des Lebens. Bekannte, Freunde und Verwandte distanzieren sich, was wiederum eine Bestätigung für das negative Welt- und Menschenbild des Pessimisten ist.

Gefährliche Flucht

Ein Weg, um mit der Krise fertig zu werden, ist die Flucht. Gegen eine positive Ablenkung wie Urlaub oder Sport ist nichts einzuwenden, wenn es dazu dient, wieder zu Kräften zu kommen. Hat es jedoch nur einen Verdrängungseffekt, führt es in die Sackgasse. Wenn die Flucht durch ein Suchtverhalten geschieht, wird das Problem nicht verarbeitet. Die Sucht bringt nur scheinbare Entlastung. Darunter können Alkohol, Drogen, Medikamente, Glücksspiele, Pornografie, Einkaufen, Computerspiele, Unterhaltung etc. zählen. Sie können eine gefährliche Abkürzung zur Entspannung sein und verstärken letztlich die Probleme.

Welche der genannten Blockaden für einen Heilungsprozess nach einer Krise könnten auf mich zutreffen? Worauf haben mich Bekannte und Freunde eventuell hingewiesen?

Wir müssen hier festhalten, dass es gar nicht so sehr um die konkreten Inhalte geht, die uns ständig beschäftigen, sondern über die Art und Weise, wie wir denken.[10] Das wird auch in den nächsten Kapiteln immer deutlicher zu sehen sein.

---

[10] Teismann/Ehring, S.4

POSITIVES NACHDENKEN

Zuerst werfen wir einen Blick auf die positiven Seiten der Gedankenarbeit und in den nächsten Kapiteln auf destruktive Formen des Grübelns.

Über sein Leben reflektieren

Menschen, die grübeln, haben eine besondere Stärke. Sie wollen ihr Leben bewusst, erfolgreich und sinnvoll gestalten. Allzu oft rennen wir durch das Leben und haben nicht den Mut, uns selbst und unsere Lebensgestaltung zu bewerten, geschweige denn etwas zu ändern. Es ist daher gut, sich immer wieder Zeit zu nehmen und zu fragen: „Wo stehe ich derzeit? Was ist mir wichtig? Wo will ich hin? Was sollte ich verändern?" Wir können dieses Nachdenken als ein produktives Reflektieren über die eigene Lebenssituation beschreiben.

Seine Gefühle wahrnehmen

Ein weiterer wichtiger Schritt in der Krise ist, sich seinen Gefühlen bewusst zu stellen. Wir sollten die Gefühle ernst nehmen, wenn sie über mehrere Wochen und Monate das Leben beherrschen. Werden die ständigen Signale aus der Gefühlswelt ignoriert, kommt es oft zu psychosomatischen Beschwerden. Die Empfindungen bewusst wahrzunehmen und sie mit einer Vertrauensperson zu teilen, ist meist eine hilfreiche Erfahrung. Negative Gefühle haben die Wirkung eines Schwimmreifens, die unbewusste Störungen an die Oberfläche bringen. „Gefühle sind Richtungsweiser dafür, wie wir der Umwelt begegnen und mit ihr umgehen sollen. Angst, Langeweile, Anspannung und Erregtheit sind Warnsignale, dass irgendetwas nicht in Ordnung ist und was noch wichtiger ist, diese Gefühle geben uns durch die feinen Unterschiede in ihrer Botschaft Hinweise auf die Art der drohenden Gefahr; sie weisen uns ein bestimmtes Anpassungsverhalten, um die Gefahr zu vermeiden, ihr zuvorzukommen oder sie abzuwenden.“[11] Dazu könnte man sich fragen: „Was spüre ich? Wenn diese Gefühle sprechen könnten, was würden sie mir dann sagen? Welche Aufforderung steckt in dem Unwohlsein, das ich spüre?“

Das Problem anschauen
Ich sollte das Problem, das sich eventuell hinter den Gefühlen verbirgt, genauer ansehen: „Was bereitet mir Schwierigkeiten? Seit wann habe ich dieses Problem? Was würde ich gerne ändern? Wo stoße ich eindeutig an meine persönlichen Grenzen? In welcher Situation geht es mir besser? Wie würde ich mein Problem in einem

---

[11] Gaylin; 1991, S. 16f

Satz beschreiben?" Das Problem mit einem Gesprächs-partner anzuschauen und genauer zu beschreiben, kann Ursachen meiner Emotionen bewusst machen und da-mit zu einer Lösung beitragen.

Konfrontieren

Nachdem ich das Problem genauer beschrieben habe, muss ich, wenn notwendig, meine Umwelt damit kon-frontieren. Das ist ein Schritt, vor dem sich viele scheuen. Wenn die Angst vor Veränderung zu einer Lähmung führt, ist man meist in einer Sackgasse. Das viele Denken hat nur Sinn, wenn ich mich nicht von der Angst blockieren lasse und mutig meine Umwelt kon-frontiere. Zur Überwindung der Angst könnte ich fra-gen: „Wovor habe ich Angst? Wie kann ich neue Erfah-rungen sammeln? Was wären die schlimmsten Konse-quenzen? Was ändert sich, wenn ich nichts tue?"

Lösungen suchen

Wichtiger als ein logisches Abwägen sind bei vielfälti-gen Möglichkeiten folgende Fragen: „Was ist mir wich-tig? Wofür möchte ich mich einsetzen? Welche Lösun-gen habe ich bereits bei anderen ähnlichen Problemen gefunden?" Es ist zu bedenken, dass jede Lösung ihre Vor- und Nachteile hat. Wesentlich ist die Entscheidung für einen konkreten aktiven Schritt.

Lösungen umsetzen.

Eine getroffene Entscheidung umzusetzen, ermöglicht mir eine neue Erfahrung zu machen. Neue Erfahrungen stärken wiederum die Selbstkompetenz und die Energie für weitere Schritte in die gewählte Richtung. Dabei sollte ich ein konkretes Ziel formulieren: „Was will ich messbar erreichen? In welchem Zeitraum will ich das schaffen? Wie will ich das in konkreten Schritten umsetzen?" An dieser Stelle ist der Austausch mit einem Begleiter oder einer Gruppe wichtig. Hier kann nach einiger Zeit über die kleinen Fortschritte gesprochen werden, die man auf seinem Weg gemacht hat, indem man folgende Frage überlegt: „Was hat sich aufgrund meiner Entscheidungen und der ersten Schritte bis jetzt verändert?"

Jedes umfassende Handeln benötigt immer einen produktiven Denkprozess. Diese Form des Denkens, die in eine Handlung mündet, ist sinnvoll und hilfreich, weil sie neue Erfahrungen zur Folge haben, egal ob sie nun negativ oder positiv sind. Sie haben einen konkreten Charakter und leiten damit einen Lernprozess ein.

DENKEN, DAS NICHT HILFT

Viele Menschen meinen, dass Nachdenken sinnvoll und positiv ist. Das ist leider nicht immer so. Es gibt Formen des Nachdenkens, die mehr Schaden als Hilfe bringen. Die speziellen Inhalte können dabei sehr unterschiedlich sein, doch wesentlicher ist es zu erkennen, dass bestimmte Denkmuster nicht hilfreich sind.

Nach Ursachen suchen

In der Beratung fragte eine Frau: „Warum hat mich mein Mann verlassen? Wie hätte ich das verhindern können? Ich habe doch so viel geopfert, damit er studieren kann!?" Der Mann lebte schon zwei Jahre getrennt von ihr. Wenn sie meinte, eine Antwort gefunden zu haben, dann beschlich sie wieder ein leiser Zweifel, der sie verführte, immer wieder über diese Frage zu grübeln. Meist können wir bezüglich der Ursachen nur spekulieren und darüber viele Stunden fantasieren.

Natürlich gibt es auch offensichtliche konkrete Ursachen im Berufs- oder Privatleben. Doch wenn ich weiß, wie ein Wagen in den Graben gefahren ist, weiß ich noch nicht, wie ich ihn da wieder rausbringe. So ist die Erkenntnis über die Ursachen in sich noch keine Lösung.

Probleme erforschen

Wenn wir gedanklich ständig um Probleme kreisen und nie zu einer konkreten Lösung finden, bleiben wir im Grübeln gefangen. Der Psychologe Günter Bamberger beschreibt im Zusammenhang mit der Beratung von Hilfesuchenden die Schwächen der Problemorientierung in der Therapie. Diese Ansätze kann man sehr gut auf das Thema des „Zuviel Denkens" anwenden, denn wenn man über sein Leben grübelt, steht man in einem intensiven „Beratungsdialog" mit sich selbst. Bamberger meint, dass in einer Beratung mehr die konkreten Lösungen als die Ursachen für Probleme besprochen werden sollten. Ansonsten kommt es zu einer Verstärkung der Hilflosigkeitserfahrung. „Ein solches Hineinfragen in das, was nicht funktioniert, also was der Klient nicht kann, wozu ihm der Mut fehlt, wovor er Angst hat, was ihn unglücklich macht, wo er versagt hat, usw., ist dann erlebensmäßig nichts anderes als eine Fortsetzung des Nicht-Funktionierens."[12]

Aus den Argumenten gegen die Problemorientierung kann man von Bamberger folgende Schlussfolgerungen ableiten:[13]

---

[12] Bamberger; 2001, S. 16
[13] Ebenda S.16ff

1. Wenn ich beim Grübeln über meine Defizite und über das nachdenke, was ich nicht habe, verstärke ich mein Problem.

2. Meine Überzeugung, dass die gegenwärtige Problematik eine bestimmte Ursache hat, kann ein Irrweg sein.

3. Wenn ich die Ursachen für die aktuelle Situation meine erkannt zu haben, hilft mir das nicht die Not zu beheben.

4. Bei der Problemanalyse besteht die Gefahr, dass ich mich selbst mehr abwerte, als es der realen Situation entspricht. Eventuell lege ich mich selbst darauf fest, ein Versager zu sein.

5. Die Entwicklung neuer Erfahrungen und Fähigkeiten sollte immer im Vordergrund stehen.

6. Es gibt nicht hinter jedem Problem eine echte Ursache. Ich sollte meine Probleme nicht verstärken, indem ich Ursachen suche, die möglicherweise nicht vorhanden sind.

Ständig meine Lage bewerten

Eine „Lageorientierung" tritt auf, wenn man sich nach Misserfolgen immer mehr mit den Ursachen und den gegenwärtigen Zuständen auseinandersetzt und weniger mit konkreten Handlungen. In diesem Zustand wird immer weniger getan und immer mehr nachgedacht: „Wie und warum bin ich in diese Lage gekommen?" Der

Psychologe Rudolph Udo erwähnt verschiedene Tests, die zeigen, dass eine Lageorientierung durch wiederholte Misserfolge bei einer Aufgabe herbeigeführt werden kann.[14] Auch die Aufforderung über eigene Misserfolge und damit einhergehenden Gefühlen nachzudenken, kann den Zustand der Lageorientierung auslösen. Menschen in dieser Haltung brauchen länger, um zu einer Entscheidung zu kommen, sind leichter ablenkbar, denken länger über Misserfolge nach und lassen sich früher entmutigen. Natürlich ist man in so einem Zustand eher nicht fähig neue Ziele zu erreichen, wodurch es zu einer Bestätigung und Verstärkung der negativen Sichtweise kommt. Die Psychologin Susan Nolen-Hoeksema führte Tests durch, die zeigten, dass Menschen, die niedergeschlagen sind, auf keinen Fall geholfen wird, wenn sie über ihre Lage viel nachdenken: „Grübeln verschafft keine klaren Einsichten in die Vergangenheit und bietet auch keine Lösungen für gegenwärtige Schwierigkeiten. Stattdessen vergiftet es die Gedanken so sehr, dass man sich geschlagen gibt, bevor man ein Problem überhaupt anpackt. Demoralisiert und apathisch, versinkt man tiefer und tiefer in eine Depression."[15]

---

[14] Rudolph, 2003, S. 213ff
[15] Nolen-Hoeksema, 2003, S. 32

In die Hilflosigkeit versinken

Geht es bei der Lageorientierung mehr um die Bewertung der aktuellen Situation, so steht bei der „erlernten Hilflosigkeit" die Passivität im Mittelpunkt. Dieser Zustand wird dann hervorgerufen, wenn häufig die Erfahrung gemacht wird, dass Ziele nicht erreicht werden können. Die Folge ist, dass man keine Umsetzungs- und Kontrollmöglichkeiten sieht. Martin Seligman, Psychologe und Glücksforscher, postulierte auf der Basis seiner Forschung, dass Informationen über Unkontrollierbarkeit kognitiv wahrgenommen und gespeichert werden und nachfolgend zu einer Erwartung von Unkontrollierbarkeit führen. Dieser Eindruck fördert passives Verhalten. Nach Seligman führt die „erlernte Hilflosigkeit" zur Schwächung der Motivation, zukünftige Ereignisse zu kontrollieren. Rudolph meint, wenn eine Person überzeugt ist, keine Kontrolle über zukünftige Ereignisse zu haben, kommt es häufig zu einer depressiven Reaktion.[16]

Negative Netzwerke stärken

Wenn Gefühle zu stark in den Mittelpunkt rücken und zum Zentrum der Interpretation und Aufmerksamkeit entarten, dann helfen sie uns nicht, sondern wir geraten in noch größere emotionale Konflikte. Um seine Gefühle kreisen meint, sich von diesen in seinen Entscheidungen

---

[16] Rudolph; 2003, S. 215

treiben zu lassen. Man wird von den Gefühlen bewegt, ohne sie mit Vernunft und Distanz zu bewerten. Negative Gefühle schaffen aber kein klares Bild über die Situation, sondern verzerren die Realität.

Unsere Gedanken und Gefühle sind miteinander eng verbunden. Schon Gerüche können bestimmte Erinnerungen auslösen. Die komplexe Struktur des Gehirns hilft uns, Ähnlichkeiten und Verbindungen zu erkennen. Dadurch kann sich auch eine negative Stimmung mit negativen Erinnerungen verbinden, die eigentlich ursächlich nichts miteinander zu tun haben. Wenn man in schlechter Stimmung ist, werden jene Teile des Gehirns aktiviert, in denen negative Erinnerungen gespeichert sind. Je intensiver wir diese negativen Schnittstellen trainieren, desto schneller gelangen wir bei der nächsten negativen Stimmung wieder zu den negativen Erinnerungen und Sorgen. Natürlich gibt es Erkrankungen im Gehirnareal, die Depressionen fördern, aber die Neigung zum Grübeln ist nicht ausschließlich darauf zurückzuführen. In den meisten Fällen handelt es sich um schädliche Denkgewohnheiten.[17]

[17] Nolen-Hoeksema; 2003, S. 41 ff; siehe auch Ben Furmann, 2005, S.72f

Keine Handlungen setzen

Eines der wichtigsten Kennzeichen des destruktiven Denkens ist die Bewegungslosigkeit. Der Handlungsspielraum verengt sich, weil man grübelt, anstatt etwas zu tun. Erst durch das Tun können wir Situationen besser sehen und bewerten. „Willst du sehen, lerne zu handeln!"[18] Im Grübeln zu verharren, ohne Entscheidungen zu treffen und umzusetzen ist ein Gefängnis, das immer mehr unsere Freiheit einengt. Hier ist aus dem Nachdenken ein unproduktives „Zuviel-Denken" geworden. Es entwickelt sich die Überzeugung, dass man sowieso nichts ändern kann. Das Grübeln allein aktiviert nicht, sondern bewirkt Trägheit. Die geistigen und realen Räder fangen sich erst dann zu drehen an, wenn man zielorientiert handelt.

Energie unnütz verbrauchen

Wenn man über Jahre an einem Thema hängen bleibt, verschlechtert sich die mentale Kraft. Es raubt die Energie, die man für ein sinnvolles Ziel nutzen könnte. Was bei diesem negativen Prozess an Kraft verschleudert wird, könnte man mit einem Auto illustrieren, bei dem man im Leerlauf voll aufs Gas steigt. Das Auto heult auf und bewegt sich keinen Zentimeter weiter.

---

[18] Watzlawick; 1984, S. 13

Das Festhalten am Zustand des Grübelns behindert eine Weiterentwicklung der Persönlichkeit. Je öfter wir einem destruktiven Muster folgen, desto stärker blockiert es neue Gestaltungs- und Bildungsmöglichkeiten.

Sie können sich an dieser Stelle Notizen zu folgender Frage machen: Welche der oben genannten Beispiele beschreiben am ehesten meine Situation?

DIE HÄUFIGKEIT DES GRÜBELNS

Susan Nolen-Hoeksema hat 20 Jahre zahlreiche Studien über die Neigung zum Grübeln durchgeführt. Sie meint, dass diese negative Denkstruktur aus bestimmten Gründen häufiger vorkommt.

„Untersuchungen belegen, dass zu viel denken …
… das Leben schwieriger macht. Der Stress, dem wir ausgesetzt sind, erscheint uns schlimmer; wir finden schwerer gute Lösungen für unsere Probleme; wir reagieren intensiv und dauerhaft auf Belastungen.
… unsere zwischenmenschlichen Beziehungen beeinträchtigt. Wir verärgern andere, vergraulen sie vielleicht sogar und begreifen oft nicht, was wir tun sollten, um unsere Beziehungen zu verbessern.
… möglicherweise sogar zu ernsthaften psychischen Störungen wie Depressionen, Angstzuständen oder Alkoholismus führt."[19]

Nolen-Hoeksema meint, dass in den letzten Jahrzehnten die Zahl der „Zuviel-Denker" zugenommen hat.[20] Sie führt in ihrem Buch als mögliche Erklärung für die Zunahme des Grübelns folgende Punkte an:

---

[19] Nolen-Hoeksema; 2004, S. 23
[20] Ebenda, S. 48

Im Wertevakuum Entscheidungen treffen

Wir haben größere Informations- und Wahlmöglichkeiten. Frühere Generationen hatten ein festes Wertesystem, das ihnen viele Entscheidungen abgenommen hat. Heute bezweifeln große Teile der Gesellschaft die Ansichten der Religion, des Patriotismus, der politischen Richtungen oder des persönlichen Umfeldes. Und dadurch entsteht Unsicherheit. Woher weiß man dann, was das Beste und das Richtige ist? Wir gehen alle Alternativen durch und wissen nicht, wie wir dieses „Beste" definieren sollen. Ein Wertevakuum ist ein idealer Boden für das „Zuviel-Denken". Die Freiheit zur Wahl kann zur Qual werden, wenn man unbedingt das Allerbeste für sich haben will. Eine banale Entscheidung, welches Haarwaschmittel für mich das Beste ist, kann in einem Großkaufhaus zum Stress werden. Ging es früher um das Überleben, so geht es heute um das Erleben. Die Frage nach dem nächsten Urlaubsaufenthalt wird ein akribisches Unterfangen, wenn man unbedingt das Allerbeste zu einem möglichst günstigen Preis haben will. Der Soziologe Gerhard Schulze bringt es in seinem Buch „Die Erlebnisgesellschaft" auf den Punkt: „So groß die Zahl der Angebote auch ist, im Konsum des Erlebnisses liegt unvermeidlich eine Festlegung. Könnte es nicht sein, dass das andere Fernsehprogramm doch besser ist? Vielleicht ist in der nächsten Diskothek mehr los als in dieser? Vielleicht hätte mir ein anderer Mensch mehr zu bieten als der, auf den ich mich eingelassen habe? Gewählt zu haben bedeutet immer auch, andere Möglichkeiten ausgeschlagen zu haben. Der entgangene Gewinn an Erlebnissen ist jedoch nicht zu kalkulieren. Auch wenn man sich im Moment gerade nicht langweilt, ist es möglich, dass man etwas versäumt."[21]

Die hohen Ansprüche

Das Leben soll uns glücklich machen. Wir erwarten eine perfekte Beziehung, einen Traumjob, viel Geld, Achtung durch unsere Mitmenschen und wir wollen uns die meiste Zeit gut fühlen. Wir wollen uns selbst verwirklichen und das Leben genießen. Alles, was unserem Glück entgegensteht, ist störend. Probleme in den Beziehungen werden oft nicht als Möglichkeit zum Wachstum angesehen, sondern primär als Belastung. Ein überzogenes Anspruchsdenken verführt dazu sich auf Enttäuschungen zu konzentrieren, statt die noch immer positiven Bereiche dankbar anzuerkennen.

Die schnelle Lösung fordern

„Ich will alles und das sofort", lautet ein Slogan, der den Zeitgeist gut illustriert. Man möchte das Erwünschte

---

[21] Schulze; 1997, S. 65

haben, ohne dafür lange warten zu müssen. Gerade komplexere Probleme erfordern Geduld. Es gibt im zwischenmenschlichen Bereich immer wieder Situationen, wie zum Beispiel Unstimmigkeiten, in denen der Aspekt der Zeit eine wesentliche Rolle spielt. Oft muss Zeit vergehen, damit man zu den Problemen eine neue Sichtweise bekommt und Lösungen reifen können. Die Ungeduld fördert Unzufriedenheit und Grübelei.

Sich in den Mittelpunkt stellen

Ein Hauptthema seit den Sechzigerjahren ist die Bedeutung und der Stellenwert von Selbstbewusstsein und Gefühlen. Zahllose Bücher und viele populäre und oft sentimentale Lieder stellen das Gefühlsleben und die Selbstverwirklichung in den Mittelpunkt. Nolen-Hoeksema meint: „Wir machen uns Gedanken über den geringsten Anflug von Traurigkeit, Angst oder Gekränktheit, messen sogar winzigen Stimmungsveränderungen große Bedeutung bei. Manchmal verweisen diese tatsächlich auf tiefer liegende Probleme, doch sie können auch eine Reaktion auf unwesentliche und banale Ereignisse sein – wir haben schlecht geschlafen, es regnet, wir stecken im Stau. … Wir messen den Ereignissen in unserem Leben zu viel Bedeutung bei. … Unser Partner hat eine Weile keine Lust auf Sex, und wir meinen, das lässt auf unsere mangelnde Attraktivität und die Zukunft der

Beziehung schließen. ... Wir überbewerten solche Dinge und achten zu sehr auf Problemsignale. Und schon haben wir die beste Grundlage, um zu viel zu denken."[22]

Unterschiede zwischen Frauen und Männern

Frauen grübeln mehr, Frauen machen öfter Suizidversuche und Frauen sind eher depressiv. Warum? Das hängt nach Nolen-Hoeksema mit den Fragen und dem Selbstbild der Frauen zusammen. „Leider gibt es für die Probleme, über die sich die Mädchen den Kopf zerbrechen – Beziehungen, ihr Bild von sich selbst, Konflikte mit Freunden und Angehörigen -, nicht immer eine einfache Lösung; sie laden geradezu zum Grübeln ein."[23] „Einer der größten Unterschiede zwischen Männern und Frauen besteht darin, wie sie die zwischenmenschlichen Beziehungen gestalten. Frauen neigen eher dazu, sich über sie zu definieren als Männer... Frauen bauen sich außerdem Netzwerke auf, die bedeutend tiefer gehen und breiter angelegt sind als die von Männern. Deshalb kennen wir Frauen die Emotionen anderer besser und sind mehr auf sie eingestimmt als Männer. ... Wenn ein Freund oder Angehöriger schwer erkrankt, sich verletzt oder mit einer schwierigen Situation zu kämpfen hat, reagieren Frauen darauf eher mit Niedergeschlagenheit

---

[22] Nolen-Hoeksema; 2004, S. 54f
[23] Ebenda, S. 48

als Männer. Vicki Helgeson von der Carnegie-Mellon-Universität hat etwas noch Wichtigeres herausgefunden, nämlich dass Frauen eher als Männer die Grenze zwischen Mitleid und übertriebenem Mitleid überschreiten. Sie machen ihr Selbstwertgefühl und Wohlbefinden zu sehr davon abhängig, was andere von ihnen denken und wie ihre zwischenmenschlichen Beziehungen laufen."[24]

Einen Punkt sollte man nicht übergehen. Die soziale Situation bringt viele Frauen in eine große Belastung. Frauen müssen häufiger in Armut leben als Männer. Oft stehen sie unter dem Druck, Kinder, Beruf und Haushalt und den Mann, wenn er noch da ist, unter einen Hut zu bringen. Frauen haben bei ihren vielfältigen Aufgabenfeldern oft Grund genug zum Grübeln.

---

[24] Ebenda, S. 60f

WEGE AUS DER FALLE

Von heute auf morgen lässt sich die gewohnte Denkstruktur nicht ändert, aber mit Geduld und Beständigkeit ist eine Entwicklung zu mehr innerem Gleichgewicht möglich. Die Vorschläge ersetzen keine notwendige medikamentöse Behandlung, wenn man schon längere Zeit unter innerer Unruhe, Schlaflosigkeit, Depressionen oder Angst leidet. Auch wenn vielleicht einzelne Anregungen nicht so einfach umsetzbar sind, so zeigen sie doch in welche Richtung man gehen kann.

Sich körperlicher und geistiger Entspannung erfreuen
Zuallererst ist emotionale Distanz und Entspannung wichtig. Der Körper und der Geist wurden durch das ständige Grübeln sehr belastet. Nun ist es hilfreich, andere Empfindungen zu erleben. Dies ist durch Entspannungsübungen und durch körperorientierte Übungen möglich. Für körperorientierte Entspannung bieten sich Entspannungstechniken, Massage, Gymnastik- oder, wer es beschwingter will, Tanzkurse an. Auch Sportklettern ist geeignet, weil man sich dabei konzentrieren muss und damit den Kopf frei bekommt. Alles, was den Körper in Schwung bringt, ihn anspannt und entspannt, wirkt sich auch auf die mentale Situation positiv aus.

Es geht darum, unmittelbar wirkende Entspannungsmöglichkeiten zu entdecken. Sich spüren und sich in seinem Körper wieder wohl fühlen können, das ist ein erstes und wichtiges Ziel. Vielleicht lassen der Abstand und das Wohlgefühl, das die Entspannung bewirkt, viele Probleme anders aussehen. Auch die Kunst und Kreativität (Musik, Theater, Malerei, Handwerk) bieten Möglichkeiten, um zu den Grübelgedanken auf Distanz zu gehen. Nicht zu unterschätzen ist die Wirkung des Humors, der uns ebenfalls hilft Abstand zu den Problemen zu finden.

Folgende Fragen kann ich mir zur Verbesserung der Stimmung und zur Entlastung stellen: „Was tut mir gut? Wann fühle ich mich wohl? Wann kann ich mich gut entspannen? Worüber kann ich mich freuen und glücklich sein? Worauf bin ich (besonders) stolz? Wofür bin ich dankbar? Wen liebe ich, und wer liebt mich? Was begeistert mich? Mit welchen Menschen bin ich gerne zusammen? Welches sind meine schönsten Erinnerungen? An welchen Orten fühle ich mich wohl?"

Ein Gegenüber suchen

Jene, die grübeln, schätzen es sehr, wenn sie mit einer Vertrauensperson sprechen können. Nolen-Hoeksema meint, dass diese Hilfe am liebsten angenommen wird.

Ein Gespräch sollte aber nicht in eine Grübelstunde ausarten, in der man sich nur noch mit allen möglichen Ursachen des Problems beschäftigt und über die schwierigen Situation klagt. Denn dann besteht die Gefahr, dass man den Blick für Lösungen verliert und im Sumpf der Umstände versinkt. Der Begleiter hat die Aufgabe, dem Ratsuchenden zu zeigen, dass er jetzt auf sich schauen soll und sich etwas Gutes gönnen darf. Der Gesprächspartner soll ein ruhender Pol sein, der durch sein Verhalten signalisiert, dass man von schweren gedanklichen Verstrickungen vorerst Abstand benötigt. Schon die Tatsache, dass da jemand sitzt, der nicht so aufgebracht ist, sondern ruhig auf die Situation schauen kann, lässt den Ratsuchenden Hoffnung finden, dass er mit seinen Spannungen auch ganz anders umgehen könnte.

Erklärungsmuster verbessern

Wie erklärt man sich die Tatsache, dass Personen trotz der Erfahrung von Misserfolgen nicht in einen hilflosen Zustand versinken. Die entscheidende Antwort liegt darin, wie man Misserfolge und Schwierigkeiten deutet. Bezieht man negative Erfahrungen nur auf die eigene Unfähigkeit, und überträgt man sie auf alle Bereiche des Lebens, dann führt dies zum Gefühl der Ohnmacht.

Folgende Sätze verstärken dieses Denken. Sie sind nicht wahr und helfen nicht:

1. Ich bin an allem schuld.
2. Das wird mir immer passieren.
3. Das wird mir überall passieren.

Das sind pessimistische, unrealistische und mir gegenüber unfaire Deutungen von Misserfolgen. Schwierigkeiten gleichzeitig als internal, global und ständig zu deuten, bieten einen guten Boden für endlose Gedankenspiralen. Nach Seligman heben Optimistische Erklärungsmuster die Hilflosigkeit auf, pessimistische Erklärungsmuster verstärken sie.[25]

Folgende Kernsätze entsprechen eher der Wirklichkeit:
1. Ich bin auch schuldig, aber nicht an allem.
2. Das wird mir nicht immer passieren.
3. Das wird nicht überall passieren

Denkfallen erkennen
In der ABC-Methode vom Psychologen Harlich Stavemann[26] wird versucht, die Deutung einer Situation so zu ändern, dass sie realistischer und optimistischer wird

---

[25] Seligman; 1993, S. 26
[26] Stavemann, 2001, S.12ff

und sich damit positiver auf das eigene Wohlbefinden auswirkt. Es ist hilfreich, Denkfallen zu kennen, in die wir hineintappen können und die uns in eine Phase der Grübelei bringen. Meist sind diese falschen Denkmuster überzogene und unlogische Ansprüche an die Wirklichkeit des Lebens.

Einige Denkfallen von Stavemann werden hier in verkürzter Form beschrieben:[27]

1. Wenn wir eine Situation als schrecklich, katastrophal oder furchtbar hinstellen, geben wir ihr den Anschein des Unbeeinflussbaren.

2. Es wird nichts unternommen, weil man nichts Positives erwartet. Aus Angst enttäuscht zu werden, will man nichts riskieren und bleibt passiv.

3. Meine Situation muss gefälligst so sein, wie ich mir das vorstelle. Ich erwarte sehr schlimme Konsequenzen, wenn die Forderungen, die ich habe, nicht genau erfüllt werden.

4. Man kann sich so in den Wunsch nach Gerechtigkeit hineinsteigern, dass man einer Fiktion nachläuft, die nur unnötig Energie verbraucht.

5. In der Bewertung von Personen, Ereignissen und Institutionen sehr zu übertreiben und sich dabei auf das Negative zu konzentrieren.

---

[27] Ebenda, S.73ff

6. Extreme pauschale Urteile zu bilden, ist meist nicht wahr noch gesund. Sinnvoller ist die Beurteilung einzelner Eigenschaften und Handlungen.

7. Manche sind immer unzufrieden, weil sie von Lösungen ausgehen, die nur Vorteile mit sich bringen.

8. Wenn wir auf unterschiedliche subjektive Ansichten stoßen, sollten wir deswegen keinen Streit entfachen. Das lässt nur unnötig unsere Emotionen aufkochen.

9. Wer in seinem Selbstwert von der Zustimmung oder Zuneigung anderer abhängig ist, macht sich in seinem psychischen Befinden instabil.

10. Wer versucht auf andere dauernd stark und unangreifbar zu wirken, zahlt dafür mit ungeheurem Energieaufwand. Zudem behindert es die Bearbeitung seiner Schwachstellen.

11. Wer seinen Selbstwert mit bestimmten Leistungen, Gefühlen, Stärken oder Fähigkeiten verknüpft, muss ständig befürchten, an Wert zu verlieren.

12. Wenn wir eigener Verantwortungsübernahme aus dem Weg gehen und deshalb unsere Ziele anderen unterordnen, uns ihren Entscheidungen und Zielen anschließen und versuchen, ihnen unsere Verpflichtungen zu übertragen, dann führt dies meist zu tiefgreifenden Selbstwertproblemen, zu Unzufriedenheit und Frustration.

Wir müssen überprüfen, ob unsere Denkmuster angemessen sind. Sind sie realistisch, inhaltlich logisch und beruhen sie auf Tatsachen? Ausgeglichene Normen führen zu einer besseren Gefühlslage und damit auch zu einer Entlastung bei grüblerischen Gedanken.

Lösungsorientiert leben

Die lösungsorientierte Sichtweise versucht die Selbstkompetenz zu stärken, indem positive Aspekte in den Mittelpunkt gerückt werden. Nicht die Probleme werden analysiert, gekaut und wiedergekäut, sondern die Möglichkeiten der Gegenwart und unmittelbaren Zukunft werden besprochen. Das Konzept ist auf aktuelle Herausforderungen ausgerichtet.

Mit folgenden Fragen kann ich beginnen: „Was ist das Problem und Anliegen? Was will ich ändern? Welche Ressourcen sind vorhanden? Welche Lösungsmöglichkeiten gibt es? Welche Lösung erscheint am besten? Wie kann ich die Lösung umsetzen? Welche ersten Schritte will ich gehen? Diese Fragen sind eine gute Möglichkeit von der negativen Sichtweise weg zu kommen und andere positivere Zugänge zum eigenen Leben zu finden. Kleinste Fortschritte vermitteln Hoffnung und zeigen, dass Möglichkeiten vorhanden sind, das Leben und die Denkweise zu verbessern. Das mag manchem übertrieben erscheinen oder unrealistisch. Tatsächlich neigen seelisch gesunde Menschen dazu ihren Selbstwert und ihre Selbstwirksamkeit positiver einzuschätzen als dies Beobachter tun würden.[28] Es ist nicht nur Realismus gefragt, sondern auch Optimismus, der über eine schwierige Situation hinwegkommen lässt.

Folgende Fragen sind hilfreich, um kleine Fortschritte wahrzunehmen: Was hat sich in den letzten zwei Wochen verändert? Was gibt mir die Kraft weiterzugehen? Wann spüre ich, dass ich nicht mehr so stark grüble? Welche schönen Begegnungen oder Erfahrungen habe ich in den letzten zwei Wochen gemacht? Was ist mir durch meine Erfahrungen in den letzten zwei Wochen bewusst geworden?

Der Blick auf die Chancen und Fähigkeiten soll die Selbstkompetenz stärken. Der grübelnde Mensch muss die Überzeugung gewinnen, dass er nicht hilflos seinen Umständen ausgeliefert ist, sondern sein Leben zum Positiven verändern kann. Die Erfahrung, dass Entwicklung möglich ist, ja im Moment geschieht, stärkt die Motivation, das Leben aktiv zu gestalten.

---

[28] Bamberger; 2001, S. 112

Meine neue Blickrichtung ganzheitlich verstärken

Um meine Gedanken neu auszurichten, kann es sehr hilfreich sein, mir ein Bild zu suchen, das mich besonders anspricht. Verbunden mit diesem Bild kann ich ein Lebensmotto formulieren. Nehmen wir also an ich habe ein Bild mit Bergen und einen Wanderweg, der sich durch die Landschaft schlängelt. Als Motto könnte ich formulieren: „Ich gehe voran und lasse neue Erfahrungen auf mich zukommen. Ich nehme neue Ausblicke und Möglichkeiten wahr." Das Bild und das Motto wirken miteinander, um meine Gedanken ganzheitlich neu auszurichten. Unterstützt kann es auch noch durch einen Gegenstand werden. Was würde zu dem Bild und dem Lebensmotto noch als Gegenstand passen? Nehmen wir ein Fernglas! Ich kann es dort hinstellen, wo es mich immer wieder erinnert, welche neue Blickrichtung ich mir aneignen möchte. Zuerst suche ich mir immer das Bild, dann formuliere ich das Lebensmotto und schließlich nehme ich mir auch noch einen Gegenstand dazu, der mich zu einer neuen Sichtweise ermutigt. Nach einigen Monaten kann ich mir auch, wenn es angebracht scheint, ein neues Bild mit dazu passendem Motto und Gegenstand suchen. Sie können diese Neuausrichtung ihrer Gedanken mit einem Ritual verbinden, das einen Neubeginn symbolisiert.

Dazu einige Vorschläge:

1. Sie können all das aufschreiben, was ihr Leben belastet hat. Dieses Blatt können Sie bei einem schönen Lagerfeuer verbrennen. Auf ein zweites Blatt schreiben Sie ihre neue Blickrichtung und Haltung, die Sie zum Leben einnehmen wollen. Dieses Blatt kommt in einen Bilderrahmen, den Sie gut sichtbar aufhängen.

2. Sie können eine Wanderung auf einen Berg nützen, um damit das alte und das neue Leben symbolisch darzustellen. Sie gehen rauf auf den Berg mit all den Lasten, die Sie bislang in Ihrem Leben mitgeschleppt haben. Schreiben Sie auf einige Steine ihre Not. Nehmen Sie diese mit auf den Berg und lassen diese Steine oben auf dem Gipfel. Dann kommen Sie befreit vom Berg herunter. Nehmen Sie einige Blumen mit. Sie symbolisieren ihr neues Leben.

3. Wenn Sie einen kleinen Spaziergang machen, dann machen Sie sich mit Naturmaterialien eine Linie. Vor dieser Linie ist ihr altes Leben mit all den Grübeleien über das Erlittene. Gehen Sie noch einige Schritte vor der Linie in ihrem alten Leben und entscheiden Sie sich für eine neue Ausrichtung. Als äußeres Zeichen dieser Entscheidung steigen Sie über diese Linie in ein neues Leben.

Sinn und Aufgabe erkennen

Nach der Logotherapie braucht der menschliche Geist Sinn im Leben und sucht sinnvolle Aufgaben und Ziele.[29] „Nur unter dem Gesichtswinkel einer Zukunft kann der Mensch existieren. In den schwierigsten Momenten seines Lebens sucht er diesen Blick auf eine lebenswerte sinnvolle Lebensgestaltung."[30] Deshalb sollten wir bezogen auf Vergangenheit, Gegenwart und Zukunft die Sinnfrage stellen.

Als Betroffener kann man im Bezug auf die Vergangenheit fragen: Was habe ich aus meinen Erfahrungen gelernt? Welche neue Einsicht hat sich dadurch ergeben? Habe ich durch meine Erfahrungen besondere Menschen kennen gelernt, die mich beeindruckt haben? Inwiefern hat sich meine Einstellung zum Leben und zu Mitmenschen positiv verändert?"

Im Blick auf die Gegenwart sollte man nach den aktuellen Lebensaufgaben fragen: „Was ist heute wichtig? Welche Menschen brauchen mich jetzt besonders? Wo sehe ich meine besondere Verantwortung? Welche Fähigkeiten zeichnen mich aus und wie kann ich diese zur Lebensgestaltung nützen? Was macht mir Freude?"

---

[29] Lukas; 1993, S. 19
[30] Frankl; 1984, S. 119

Im Blick auf die Zukunft könnte man fragen:
„Was ist mir in der kommenden Zeit wichtig? Was will ich in den nächsten drei Monaten erledigen? Was will ich in fünf Jahren tun? Welche Beziehungen sind mir in der Zukunft wichtig? Welche Verantwortung und Aufgabe will ich in der Zukunft verstärkt wahrnehmen? Wie kann ich meine aktuelle Lebenserfahrung in der Zukunft einsetzen?"

Dieser Blick auf den Sinn in der Vergangenheit, Gegenwart und Zukunft kann meine inneren Knoten des intensiven Nachdenkens lösen. Wenn man das Empfinden hat, dass man nicht ganz umsonst gelebt hat, verlieren manche unlösbaren Fragen ihre destruktive Macht und man wird freier neue Aufgaben und Ziele zu sehen.

Zielgerichtet handeln
Nicht durch das Nachdenken über Ursachen kommt man in seiner Erfahrung und Erkenntnis weiter, sondern im Tun. Wer handelt, kann erkennen wo etwas konkret schiefläuft und was man ändern soll. Das ständige Nachdenken verführt leicht zum Bauen von „Problemschlössern". Aus Angst vor schlechten Erfahrungen, scheut man Handlungen. Für jene Personen, die immer wieder ins Grübeln verfallen, ist Handlungsorientierung eine gute Nachricht. Eine betroffene Frau berichtet: „Ich

grüble auch ganz viel über mein Leben, meine Beziehungen … Ich leide an Angstzuständen. Manchmal wollen diese Gedanken gar nicht enden, dann versuche ich mich zu beschäftigen! Auch wenn es nur putzen ist - Hauptsache in Bewegung. Was mir noch gut tut, ist Sport! Ich habe angefangen zu joggen. Habe auch angefangen mein Leben zu verändern." Wer sich konzentriert einer Tätigkeit widmet, kann sich mental entlasten. Warum hilft das gezielte Handeln? Weil dafür Energie bzw. Handlungskontrolle nötig ist, die für das Grübeln nicht mehr zur Verfügung steht. Bei jeder zielgerichteten Aufgabe entsteht eine Dynamik, die folgende Auswirkungen hat:

1. Informationen, die mit meiner Handlung und meinem Ziel in Verbindung stehen, werden automatisch bevorzugt. Andere Gedanken werden in den Hintergrund geschoben oder ausgeblendet.
2. Informationen, die mit der vorliegenden Absicht im Zusammenhang stehen, werden tiefer verarbeitet.
3. Emotionen, die der Realisierung einer Absicht förderlich sind, werden bevorzugt; andere unterdrückt.
4. Günstige Erwartungen oder positive Anreize, die mit dem Ziel im Zusammenhang stehen, werden betont.

5. Situationen oder Hinweise auf Handlungen, die der Absicht im Wege stehen, werden vermieden oder beseitigt.

6. Die Überlegung, was man jetzt alles tun und denken könnte, wird zugunsten der Konzentration auf die Realisierung eines Zieles aufgegeben.

7. Unerreichbare Ziele werden abgeschrieben. Über Misserfolge wird nicht lange nachgedacht.

Durch diese oben beschriebenen unbewussten Mechanismen, die mit einer zielgerichteten Handlung verbunden sind, ist es leichter verständlich, warum damit Grübeln bekämpft werden kann. Eine Mutter, deren Sohn in der Drogenszene gelandet ist, berichtet, dass sie ständig über die Situation grübeln musste. Was ihr half, war Arbeit. Das zielgerichtete Handeln bewirkte bei ihr eine emotionale und kognitive Entlastung. Sie berichtete: „Ich habe gemerkt, dass ich mich so ablenken konnte und es mir besser ging."

Im Konzept von Mihaly Csikszentmihalyi[31] spielt die Hingabe an eine zielorientierte Handlung eine wichtige Rolle. Er spricht vom „Flow" (englisch: fließen, rinnen, strömen) als das Geheimnis des Glücks. Er meint damit das lustbetonte Gefühl des völligen Aufgehens in einer

---

[31] Csikszentmihalyi, 1995,

Tätigkeit. Die erste Erfahrung machen wir als Kinder, wenn wir in ein Spiel vertieft sind. Wir vergessen die Welt um uns herum und sind ganz konzentriert in der Welt der Fantasie. Am häufigsten soll das Flow-Erlebnis im beruflichen Bereich vorkommen. Wir erleben es in der Freizeit, wenn wir in unserem Hobby oder in den sportlichen Aktivitäten aufgehen oder wenn wir an einer angeregten Diskussion teilnehmen. Csikszentmihalyi fand verschiedene Bestandteile, die miteinander die Flow-Erfahrung fördern, wobei nicht alles in einer einzigen Tätigkeit vorhanden sein muss.[32]

1. Die Aufgabe entspricht unseren Fähigkeiten. Uns ist nicht langweilig und wir sind nicht überfordert.
2. Wir konzentrieren uns vollständig, sind nicht abgelenkt und lassen uns nicht ablenken. Wir hinterfragen die Aktivität nicht. Gleichzeitig sind die Sorgen des Alltags aus dem Bewusstsein verdrängt.
3. Die Aktivität hat ein konkretes Ziel und wir wissen, was wir tun müssen, um es zu erreichen.
4. Die Arbeit bietet eine unmittelbare Rückmeldung. Wir wissen und erfahren, wann wir etwas richtig oder falsch gemacht haben.
5. Wir haben das Gefühl von Kontrolle über unsere Aktivität.

---

[32] glücksarchiv.at

6. Unsere Sorgen verschwinden, weil wir uns nicht selbst erforschen, sondern ganz in der Aktivität aufgehen.

7. Wir haben das Gefühl, dass die Zeit unglaublich schnell vergeht.

8. Wir machen es gerne, egal ob wir davon einen Nutzen haben.

Diese Erkenntnisse sind wichtig für jemanden, der im Grübeln gefangen ist. Die Person braucht eine Aktivität, die ihre ganze Aufmerksamkeit bekommt, sie nicht überfordert, ihr Freude bereitet und klar in der Zielsetzung ist.

Folgende Fragen kann ich mir stellen: „Was mache ich gerne in meiner Freizeit? An welcher Arbeit habe ich besonders Freude? Bei welchen Tätigkeiten spüre ich eine Entlastung?"

STRATEGIEN UMSETZEN

Um das Thema nach den psychologischen Grundlagen nochmal von einer praktischen Seite zu beleuchten, sollen in diesem Kapitel erste Schritte von Nolen-Hoeksema angefühlt werden.[33]

1. Machen Sie sich klar, dass Grübeln schadet
Wenn Menschen in einer Phase des Grübelns stecken, meinen sie auf der richtigen Spur zu sein. Die tiefen Einsichten z.b. über die eigene Ehe oder über den Beruf sind dabei meist nicht realistisch. Beim Grübeln wird man verführt, vor allem die negativen Dinge wahrzunehmen. Bevor man irgendeine Strategie einsetzt, muss man sich klar machen, dass Grübeln schadet. Man kann dem Feind, dem Grübeln, antworten: „Ich mag das nicht! Hör auf damit!"

2. Gönnen Sie sich eine Pause
Einer der wichtigsten Schritte ist, dem Gehirn eine Pause zu gönnen. Die Ablenkung vom Grübeln kann schon nach einigen Minuten spürbar sein und die Stimmung verbessern. Angenehme Ablenkungen bieten nicht nur kurzfristig Erleichterung, sondern bereiten auch

---

[33] Nolen-Hoeksema, 2003, S. 69ff

langfristig den Weg zu einer Befreiung. Welche Aktivitäten können helfen? Egal, ob es sich um Jogging, Rudern, Tennis, Squash oder eine andere Sportart handelt, die Aktivität soll der Leistungsfähigkeit angemessen sein und die Aufmerksamkeit fordern. Beim Tennis spielen muss man sich zum Beispiel sehr konzentrieren, dadurch wird der Kopf frei vom zu vielen Denken. Manche lesen ein Buch oder sehen sich einen Film an, andere spielen Schach, gehen spazieren, besuchen alte oder hilfsbedürftige Menschen. Man könnte mit einem völlig neuen Bereich beginnen. Hobbys wie Gartenarbeit, Kochen, Modellbau, Malen oder Klavier spielen können helfen auf andere Gedanken zu kommen. Ablenkungen befreien vom vielen Nachdenken, indem sie die für negative Erfahrungen zuständigen Schnittstellen im Gehirn aufbrechen. Es ist, wie wenn jemand die Telefonleitung zu einem Ortsteil kappt. Wenn diese Schnittstellen nicht in der Lage sind zu kommunizieren, können sich die negativen Stimmungen nicht verstärken. Alkohol und andere Drogen sind als Ablenkungsmittel nicht geeignet. Sie verschlechtern den Gesamtzustand und vergrößern die Probleme.

3. Werden Sie aktiv

Nolen-Hoeksema hat festgestellt, dass Ablenkungen, die Konzentration und Aktivität erfordern, am effektivsten sind, um aus der Grübelfalle herauszukommen. Tätigkeiten, die in Bewegung getan werden müssen, helfen besser als solche, die man sitzend machen kann. Bei Grübelattacken in der Nacht kann es hilfreich sein aufzustehen und sich zu bewegen. Ein bisschen lesen oder frische Luft schnappen kann schon helfen. Wenn man in bestimmten Räumen immer wieder zu grübeln beginnt, dann sollte man den Raum verändern, Ordnung machen oder ihn kurz verlassen. Ein Spaziergang, eine Runde mit dem Auto oder ein Mittagessen können aus der Phase des Grübelns reißen. Wichtig ist, sich etwas Angenehmes zu gönnen und sich damit vom vielen Denken abzulenken.

4. Lassen Sie sich nicht unterkriegen.
Wenn Sie, z.B. durch eine Auseinandersetzung mit jemanden, in ein übertriebenes „Zuviel-Denken" verfallen, sollten Sie folgendermaßen reagieren: „Ich lasse mich nicht unterkriegen. Ich lasse mir nicht vorschreiben, was ich denke!" Manche kreieren ein Stoppschild, um mit dessen Hilfe die Grübelattacke zu beenden. Wenn Sie ins Grübeln kommen, dann kommt die Gedankenpolizei. Sie nehmen das Schild aus der Schreibtischlade oder aus der Handtasche und vertreiben damit die negative Stimmung. Es geht darum eine klare Entscheidung darüber zu treffen, wann und wie Sie sich mit einer

Situation auseinandersetzen. Nachdem das Gehirn einige Zeit Distanz zum Problem finden konnte, wird es kreativer für eine Lösung sein.

5. Reservieren Sie einen Grübeltermin

Sie können die Situation leichter in den Griff bekommen, wenn Sie eine Zeit für das Nachdenken reservieren. Das wirkt für den Moment befreiend. Sie werden feststellen, dass das Problem, dann gar nicht mehr so groß wirkt, wenn Sie dafür eine Zeit einplanen. Das hängt damit zusammen, dass die Entlastung vom Grübeln Ihre Stimmung verbessert. Die Zeit vor dem Zu-Bett-Gehen sollte man nicht zum Nachdenken verwenden.

6. Delegieren Sie Ihre Sorgen

Durch Gebet können Sie Ihre Gefühle und Gedanken in den Griff bekommen und auf Distanz zu Ihren Grübelattacken gehen. Nach Susan Nolen-Hoeksema wenden vierzig Prozent der von ihr Befragten das Gebet und die Meditation an, um sich von ihren Sorgen und quälenden Gedanken zu befreien.

7. Akzeptieren Sie die Hilfe anderer

Ein Gespräch mit einem Angehörigen oder Freund kann erleichtern und helfen die Gedanken zu ordnen und nach vorne zu blicken. Lassen Sie sich auch konkret bei

Erledigungen helfen und hören Sie bei Erfahrungen anderer genau hin, ob Sie davon etwas für sich lernen können. Seien Sie für Hilfe offen, das verbindet Sie mit ihren Mitmenschen und tut ihnen wiederum gut.

8. Schreiben Sie über die Vergangenheit[34]

Ein Feuerwehrmann konnte sich nicht von seiner Vergangenheit lösen. Er bekam schreckliche Bilder nicht mehr aus dem Kopf. Er nahm therapeutische Hilfe in Anspruch und sollte erzählen, was er erlebt hat. Die Therapeutin hat dann alles zusammengefasst und dem Betroffenen beschrieben, was geschehen ist. Dieses Erzählen in der Vergangenheitsform half ihm, es als etwas Abgeschlossenes emotional zu verarbeiten. Es ist geschehen und ist jetzt nicht mehr. Es kann helfen die dunklen Tage in der Vergangenheitsform aufzuschreiben. Damit sind sie geschehen und sind heute nicht mehr Teil meines Alltages. Auch wenn ich immer wieder mal daran denken muss, darf ich sie als realen Handlungsablauf in der Vergangenheit als abgeschlossen betrachten. Schriftliche Notizen seiner Erfahrungen sind eine Möglichkeit sie sich vom Herzen zu schreiben.

---

[34] Diesen Punkt von Nolen-Hoeksema habe ich etwas erweitert mit dem Gedanken in der Vergangenheitsform zu schreiben.

9. Gönnen Sie sich etwas Schönes

Leute, die unter schweren Belastungen stehen, können leichter mit Stress umgehen, wenn sie sich jeden Tag etwas Schönes gönnen: Einen Spaziergang, etwas Süßes, eine Einkaufstour, das Wahrnehmen des blauen Himmels... die bewusste Suche nach positiven Gefühlen und Erfahrungen erhöht das psychische Wohlergehen. Diese Sinneseindrücke werden im Gedächtnis gespeichert und verbessern die Stimmung.

Welche schöne Betätigung möchte ich heute wählen, die mir in der Vergangenheit gutgetan hat? Was möchte ich Neues ausprobieren? Welche drei Strategien von den vorhin genannten möchte ich in den nächsten Tagen umsetzen?

WERTVOLL FÜR MICH

Oft merken wir erst über den Körper, dass in unserem Denken und Fühlen etwas falsch läuft. Der Körper meldet sich dann mit Schmerzen, die von der Psyche ausgehen. Man nennt sie psychosomatische Leiden. Es macht auf jeden Fall Sinn, auf seinen Körper zu hören und gut für ihn zu sorgen. Körper und Psyche sind zwar unterscheidbar, aber in ihren Funktionen nicht zu trennen. Indem wir für unseren Körper sorgen, unterstützen wir auch die seelischen Funktionen wie Denken, Fühlen und Wollen. Deshalb möchte ich an dieser Stelle über „die acht Ärzte der Natur" schreiben:

W a s s e r

    E r n ä h r u n g

      R u h e

        T r a i n i n g

          V e r b u n d e n h e i t

            O h n e S u c h t

              L u f t

                L i c h t

Diese praktischen präventiven Gesundheitstipps sind eine wichtige Unterstützung, um auch seelisch wieder ins Gleichgewicht zu kommen. Sie können mit dem Wort „W E R T V O L L"[35] zusammengefasst werden. „W E R T V O L L" bringt die wichtigsten Ratschläge für die Gesundheit kurz und knapp auf den Punkt. Betrachten Sie die folgenden Ratschläge als Motivation für ein gesünderes Leben, aber nicht als Checkliste, die sie abarbeiten müssten. Fangen Sie zuerst bei einem Punkt an, der Sie besonders anspricht, und nehmen Sie erst dann wieder ein weiteres Thema auf.

Wasser – volltanken bitte!

Unser Körper besteht zu ca. 70 Prozent aus Wasser und benötigt täglich 1,5 bis 2 Liter. Bereits 3% Flüssigkeitsverlust führen zu Einschränkungen der körperlichen und geistigen Fähigkeiten. Alle Organe sind auf die Wasserzufuhr angewiesen. Trinkt man zu wenig, wird das Blut dickflüssiger und kann weniger Sauerstoff zu den Milliarden Zellen transportieren. Konzentration

---

[35] WERTVOLL stammt ursprünglich vom Deutschen Verein für Gesundheitspflege (DVG), wird aber aktuell in der Form nicht mehr verwendet. Einige Gedanken habe ich einer Broschüre der Liga Leben und Gesundheit (LLG), Österreich, entnommen. Ich habe den Begriff Vertrauen durch Verbundenheit ersetzt. Das Konzept wurde aktuell vom DVG und LLG auf 12 Bereiche erweitert; Siehe: dvg-online.de und llg.at

und Leistungsfähigkeit nehmen dadurch ab. Man wird antriebslos und müde. Das Herz-Kreislauf-System wird sehr belastet. Die Nieren benötigen ausreichend Wasser, um Stoffwechselprodukte schneller ausscheiden zu können. Ausreichend Wasser wirkt sich auch auf die Verdauung positiv aus. Der Stuhl ist gut hydriert und kann leichter ausgeschieden werden. Gelenke werden vor frühzeitigem Verschleiß geschützt. Die Bandscheiben bleiben widerstandsfähig und können ihre Depots gut auffüllen. Durch ausreichende Wasserzufuhr wird die Elastizität der Haut gefördert und es wird der Hautstoffwechsel angeregt. Die Hautzellen werden in ihrer Schutz und Abwehrfunktion unterstützt. Wasser wirkt sich auch positiv auf das Immunsystem aus.

Trinken Sie täglich sechs bis acht Gläser Wasser. Am besten gleich am Morgen zwei, am Vormittag drei und am Nachmittag drei Gläser. Trinken Sie zwischen und nicht während den Mahlzeiten. Das Wasser sollte auch nicht kalt sein. Wenn man etwas Geschmack möchte, kann man es auch in Form von ungesüßten Tees oder Wasser mit einem Schuss Zitronensaft trinken. Vielleicht denken Sie jetzt, da müsse man ja regelrecht "ertrinken" bei einer solchen Wasserzufuhr, denn das ist vielleicht fast zwei- bis dreimal so viel, wie Sie bisher getrunken haben.

Es kann sein, dass Sie einige Wochen brauchen werden, bis Sie sich an diesen täglichen Wasserbedarf gewöhnt haben.

Wasser ist hilfreich, um Stressempfinden zu reduzieren - auch äußerlich. Unter der Dusche kann man z.B. den Kreislauf beleben: Fangen Sie mit warmem Wasser an und steigern Sie langsam die Temperatur, bis es richtig heiß ist, und duschen Sie dann eine Minute lang kalt! Wenn Sie möchten, können Sie das mehrmals wiederholen. Trocknen Sie sich hinterher schnell und gründlich ab. Das bringt den Kreislauf in Gang, weil die Blutgefäße sich in raschem Wechsel öffnen und schließen, und es beruhigt die Nerven.

Wenn Sie Einschlafschwierigkeiten haben, kann Ihnen vielleicht eine warme Dusche helfen. Hier sollten Sie keine extremen Temperaturen anwenden, weder zu warm noch zu kalt, und es ist auch sinnvoller, in diesem Fall beim Abtrocknen nicht zu sehr zu rubbeln, sondern sich eher sanft abzutupfen. Manche Leute empfehlen ein heißes Fußbad gegen Kopfschmerzen. Benutzen Sie eine Wanne, in der beide Füße bequem Platz haben und gut mit Wasser bedeckt werden können. Schließen Sie die Augen und entspannen Sie sich. Innerhalb von 15 bis 20 Minuten werden Sie sich rundherum wohler fühlen!

Thermalwasser hilft Stress abzubauen, weil der Cortisolspiegel gesenkt und die Produktion des wichtigen Botenstoffes Serotonin angeregt wird. Damit kann gerade auch für Menschen, die sich im Grübeln verfangen haben, eine entspannende Wirkung erzielt werden. Gehen Sie regelmäßig einmal in der Woche in die Therme, wenn Sie über den Körper ihren inneren Stress reduzieren wollen. Bei Herz und Kreislaufproblemen soll man sich noch mit einem Facharzt besprechen.

Ernährung – essen Sie sich gesund!

Für uns ist es selbstverständlich, dass wir für ein Auto den richtigen Treibstoff tanken. Es macht keinen Sinn, Diesel in einen Benziner zu schütten. Schon nach kurzer Zeit würde unser Auto ins Stocken geraten. Genauso ist auch unser Körper auf die richtigen Energiespender angewiesen. Gesunde Ernährung hat fühlbare Auswirkungen auf die geistige und körperliche Leistungsfähigkeit. Darum fördert man mit dem richtigen Treibstoff auch die psychischen Funktionen. Wichtige praktische Regeln können hier helfen.[36]

1. Essen Sie vielfältig und überwiegend pflanzliche Nahrungsmittel. Eine vegetarische Ernährung hat erwiesenermaßen viele gesundheitliche Vorteile.

---

[36] Größtenteils entnommen aus: Deutsche Gesellschaft für Ernährung; dge.de; aok.de; dvg-online.de/12-prinzipien/ernaehrung/

2. Essen Sie mindestens drei Portionen Gemüse und zwei Portionen Obst täglich. (Portion=Handvoll)

3. Bei Getreideprodukten wie Brot, Nudeln, Reis und Mehl ist die Vollkornvariante die beste Wahl für Ihre Gesundheit.

4. Bevorzugen Sie fettarme Milch und Milchprodukte. Wenn Sie auf Fleisch nicht verzichten wollen, dann maximal ein- bis zweimal pro Woche. Meiden Sie dabei rotes Fleisch.[37]

5. Bevorzugen Sie pflanzliche Öle wie beispielsweise Rapsöl oder Olivenöl und daraus hergestellte Streichfette. Vermeiden Sie versteckte Fette. Fett steckt oft „unsichtbar" in verarbeiteten Lebensmitteln wie Wurst, Gebäck, Süßwaren, Fast-Food und Fertigprodukten.

6. Mit Zucker gesüßte Lebensmittel und Getränke sind nicht empfehlenswert. Vermeiden Sie diese möglichst und setzen Sie Zucker sparsam ein. Sparen Sie Salz und reduzieren Sie den Anteil salzreicher Lebensmittel. Würzen Sie kreativ mit Kräutern und Gewürzen.

7. Trinken Sie rund 1,5 Liter jeden Tag; am besten Wasser oder andere kalorienfreie Getränke wie ungesüßten Tee. Zuckergesüßte und alkoholische Getränke sind nicht empfehlenswert.

8. Garen Sie Lebensmittel so lange wie nötig und so kurz wie möglich, mit wenig Wasser und wenig Fett.

---

[37] Ärzteblatt.de; 26.10.2015

Vermeiden Sie beim Braten, Grillen und Backen das Verbrennen von Lebensmitteln. Frittiertes sollte eine Ausnahme sein.

9. Gönnen Sie sich ausreichend Zeit für Ihre Mahlzeiten und genießen Sie ihr Essen ohne Medienbeschallung.

10. Vollwertige Ernährung und körperliche Aktivität gehören zusammen. Dabei ist nicht nur regelmäßiger Sport hilfreich, sondern auch ein aktiver Alltag, indem Sie öfter zu Fuß gehen oder Fahrrad fahren.

Noch ein Tipp: Geben Sie Ihrem Magen zwischen den Mahlzeiten genügend Zeit. Er braucht bis zu vier Stunden, um eine Mahlzeit für die weitere Verdauung vorzubereiten. Erwarten Sie nicht, dass er sich "beeilt". Der Magen sollte am Morgen seine schwerste Arbeit leisten müssen. Was glauben Sie, geschieht mit der Nahrung, die Sie unmittelbar vor dem Schlafengehen essen? Brauchen Sie dann dringend Energie? Bekommt Ihr Körper dann die notwendige Ruhe?

Die Erfahrung zeigt, dass das alte Sprichwort stimmt:
Morgens wie ein Kaiser,
mittags wie ein König,
abends wie ein Bettelmann.

Ruhe – in ihr liegt die Kraft

Kurze Ruhezeiten während des Tages und ein erholsamer Schlaf gehören zu den wichtigsten Voraussetzungen für ein gesundes Leben. Einige Minuten der Stille, ein kurzes Nickerchen während des Tages können sehr belebend wirken. Gönnen Sie sich Ruhezeiten, damit Sie kraftvoller und konzentrierter die täglichen Herausforderungen bewältigen können. Die lange mediale Berieselung durch Handy, Fernseher und PC gehört nicht zu diesen Erholungsphasen. Sie erzeugen jede Menge Anspannung und bewirken einen unruhigen Schlaf. Immer mehr Menschen leiden unter Schlafstörungen, und das hat wohl hauptsächlich mit unserm Medienkonsum und mit den vielen Informationen zu tun, die wir täglich aufnehmen und verarbeiten müssen. Wenn Sie zu den 15 Prozent der Bevölkerung gehören, die ernsthafte Probleme mit dem Schlafen haben, greifen Sie nicht gleich zu Tabletten!

Vielleicht hilft Ihnen der eine oder andere nachfolgende Vorschlag: Schlafen Sie zu regelmäßigen Zeiten. Gehen Sie möglichst immer um die gleiche Zeit ins Bett, und stehen Sie zur gleichen Zeit auf. Versuchen Sie, nicht mehr als eine halbe Stunde davon abzuweichen. Am Wochenende einmal "ordentlich auszuschlafen" kann die Routine so stören, dass Ihr Schlaf tagelang durcheinandergerät. Gehen Sie nicht ins Bett, bevor Sie schlafbereit sind. Der Fernseher hat im Schlafzimmer nichts verloren. Auch arbeiten sollten Sie nicht mehr im Bett. Versuchen Sie, schon viel früher zur Ruhe zu kommen. Lassen Sie sich abends auf keine aufwühlenden Gespräche mehr ein! Sich fürs Bett fertig zu machen ist mehr, als nur einen Schlafanzug anzuziehen. Versorgen Sie alles, was versorgt werden muss, damit Sie ruhig schlafen können. Fahren Sie den Wagen in die Garage, versorgen Sie den Hund, sehen Sie nach den Kindern, und stellen Sie sich ein Glas Wasser auf den Nachttisch. Gehen Sie vielleicht noch ein Stück spazieren, nehmen Sie ein mildes Bad, machen Sie Entspannungsübungen oder genießen Sie einen stillen Moment. Vermeiden Sie alles, was Sie aufputscht! Getränke wie Kaffee, schwarzer Tee und manche Cola-Getränke können Sie vom Schlafen abhalten. Aber auch aufregende Unterhaltung, wie spannende Fernsehsendungen und Bücher, können Ihnen den Schlaf rauben. Schaffen Sie sich eine Umgebung, die den Schlaf fördert. Denken Sie daran, dass frische Luft wichtig ist. Kippen Sie das Fenster. Das Schlafzimmer darf gerne um die 15 Grad haben. Verdunkeln Sie den Raum, denn Lichteinfall stört den Schlaf. Wenn Sie keine dichten Vorhänge oder Rollos haben, kann sich ein Augenschutz als nützlich erweisen. Leisten Sie sich ein bequemes Bett. Probieren Sie, bis Sie die Art gefunden haben, die für Sie am angenehmsten ist, und achten Sie auch bei Kissen und Decken auf gute Qualität. Wenn Sie von Lärm geplagt werden, benutzen Sie Ohrstöpsel (aus Wachs oder Schaumgummi).

Die klare Abgrenzung von Arbeit und Ruhe ist ein jahrtausendealtes Konzept. Schon in der Bibel steht, dass wir sechs Tage arbeiten sollen, aber am siebenten Tag dürfen wir ruhen. Das kann wesentlich zur Erholung beitragen. Der Kopf sollte frei werden von den Sorgen des Alltages. Wir müssen die Arbeitszeit begrenzen, sonst wächst sie uns über den Kopf und füllt unser Leben vollständig aus. Setzen Sie klare Grenzen von Arbeit und Freizeit; das fördert ein ausgeglichenes Leben.

Selbst der Urlaub, der eine Zeit der Erholung sein sollte, wird für viele Menschen eine ganz besonders stressige Zeit. Achten Sie darauf, dass Sie sich nicht unter Druck setzen, indem Sie den besonders schönen Urlaub suchen. Der Wunsch nach dem perfekten Ferienort kann Stress bewirken, weil es den vollkommen schönen Aufenthalt gar nicht gibt. Eventuell sind wir entspannter, wenn wir die Erwartungen nicht so hoch ansetzen.

Training – Bewegung ist Leben!

Bewegung gehört zu den wichtigsten Voraussetzungen, um sich zu entspannen. Das körperliche Training hat einen großen Einfluss auf unser Wohlbefinden, weil der Stoffwechsel und das Immunsystem angeregt werden. Es werden Glückshormone ausgeschüttet. Körperliche Arbeit und Training sind ein Heilmittel für die Psyche.

„Die gesundheitlichen Vorteile von sportlicher Betätigung können gar nicht hoch genug eingeschätzt werden, ist Sportmediziner Dr. Martin Burtscher überzeugt. „Wir wissen aus zahlreichen Studien, dass körperliche Aktivität zu den effektivsten Maßnahmen der Gesundheitsvorsorge, aber auch zu den besten therapeutischen Möglichkeiten zählt", so der Experte vom Institut für Sportwissenschaft der Universität Innsbruck."[38]

Wir haben viele Ausreden, aber wer eine Runde spazieren geht, spürt nach einer halben bis dreiviertel Stunde die wohltuende Wirkung. Fangen Sie an zu gehen. Ein flotter Marsch ist eine sehr wirksame Bewegungsübung. Es braucht keine Turnhalle, kein Rezept, kein Geld. Ein ordentlicher Spaziergang ist Urlaub, der nichts kostet. Flottes Gehen kann psychische Spannungen abbauen und ist ein gutes Mittel gegen Schlafstörungen. Wenn Sie tagsüber schläfrig werden, wirkt ein ordentlicher

---

[38] Medizinpopulaer.at, Sport fördert die Persönlichkeit, 07/2007

Spaziergang erfrischend, und die Ermüdung der Muskulatur fördert den Nachtschlaf. Nach einem Marsch fühlt man sich wohl und merkt, dass man etwas für ein entspannteres Leben tun kann. Hier sind noch ein paar Vorschläge zur Durchführung Ihres Vorhabens: Nehmen Sie sich fest vor, regelmäßig zu gehen! Planen Sie Ihren Spaziergang als festen Termin ein, am besten täglich eine halbe Stunde. Manche Menschen teilen diese Zeit auf; morgens und abends eine Viertelstunde geht auch. Wählen Sie sich eine bestimmte Route! Manche Leute parken ihr Auto einige Straßen vom Arbeitsplatz entfernt und zwingen sich so zum Gehen. Andere haben einen netten Park in ihrer Nähe. Kennen Sie eine Joggingstrecke? Die Läufer haben sicher nichts dagegen, wenn sich ein "Fußgänger" zu ihnen gesellt. Tragen Sie gutes Schuhwerk! Teure Turnschuhe sind eine schöne Sache, aber zum Gehen nicht unbedingt notwendig. Hauptsache, Sie haben feste Schuhe mit flachen Absätzen, die sollten natürlich nicht abgetreten sein. Gehen Sie richtig! Treten Sie zuerst mit den Fersen auf. Lassen Sie Ihre Arme locker herunterhängen und bei jeder Bewegung mitschwingen! Das ist gut für die Wirbelsäule und die Muskeln. Hängen Sie sich nichts über ihre Schultern, denn das würde den natürlichen Bewegungsablauf stören. Walkingstöcke sind eine sehr gute Unterstützung, denn mit ihnen wird ein Großteil der Muskeln aktiviert. Freuen Sie sich über den Spaziergang! Sie werden zwar keine Zeit haben, Gänseblümchen zu pflücken, aber Sie werden die Sonnenwärme spüren und hie und da einen Vogel sehen. Wenn Sie jeden Tag den gleichen Weg gehen, werden Ihnen bald auch bekannte Gesichter begegnen, die Sie begrüßen können. Auch den Jahreszeitenwechsel werden Sie vielleicht viel bewusster erleben. Kurz, Sie werden eine angenehme halbe Stunde verbringen und sich den ganzen Tag über wohler fühlen!

Verbundenheit motiviert uns

Eine wesentliche Hilfe, um aus dem destruktiven Denken herauszufinden, ist der Halt durch Verwandte und Freunde. Die oben genannten Ratschläge sollte man möglichst in Verbindung mit anderen Personen umsetzen. Das hilft beim Durchhalten, macht mehr Freude und fördert soziale Kontakte. Es gibt fast in jedem Ort eine „Walkinggruppe". Menschen, die sich bewusst einmal oder mehrmals in der Woche zu einem flotten Spaziergang treffen. Aus diesen Begegnungen entstehen Freundschaften fürs Leben. Es hilft, seinen inneren Schweinehund zu besiegen, wenn man sich mit anderen einen Termin ausmacht. Vielleicht mag man nicht spazieren gehen, aber eine Sportart, wo auch das soziale Moment eine wichtige Rolle spielt: Tennis, Tischtennis, Fußball, Radfahren, Segeln, Schifahren und vieles mehr.

Langfristig entscheidend ist, dass man es regelmäßig macht. Dadurch werden die Muskulatur und die Kondition gestärkt, aber auch die Beziehung zu anderen Sportbegeisterten.

Die Verbundenheit betrifft auch die Natur, durch die wir Heilung erfahren können, denn sie hat eine beruhigende und stärkende Wirkung. Unsere Psyche meldet sich über den Körper und lässt uns spüren, dass wir uns wieder mehr den heilenden Kräften der Natur zuwenden sollten. Dieser Bereich hat auch eine spirituelle Komponente, denn über die Natur kommt man auch zum Ursprung von allem - wo wir herkommen, wozu wir da sind und wo wir hingehen. Sich diesen Fragen zuzuwenden und sich in Verbundenheit mit der Natur und ihrem Schöpfer zu sehen, wurde für viele Menschen schon ein Weg, um Erleichterung vom Grübeln zu erfahren.

Ohne Sucht – erleben Sie wahres Glück
In belastenden Situationen neigen wir dazu uns auf ungesunde Weise zu entlasten. Stoffgebundene und stoffungebundene Süchte gehören zu diesen gefährlichen Lösungen. Wo der Genuss aufhört, und die Sucht beginnt, ist schwer zu definieren. Einkaufen, Sport, Sex, Essen, Fernsehen, Computerspiele sind Beispiele für stoffungebundene Süchte. Alkohol, Nikotin, Drogen gehören

in den Bereich der stoffgebunden Süchte. Sie sollen meist als Abkürzung zu angenehmen Gefühlen dienen. Die Erfahrungen vieler Süchtiger zeigen, dass die Probleme und inneren Spannungen sich dabei verstärken. Es gibt einen Unterschied zwischen Genuss und Sucht. Beim Genuss habe ich ein gutes Gefühl und kann mich nach dem Konsum wieder anderen Themen zuwenden. Was ist Sucht? Der Homburger Wissenschaftler Klaus Wanke schreibt: "Sucht ist ein unabweisbares Verlangen nach einem bestimmten Erlebniszustand. Diesem Verlangen werden die Kräfte des Verstandes untergeordnet. Es beeinträchtigt die freie Entfaltung einer Persönlichkeit und zerstört die sozialen Bindungen und die sozialen Chancen des Individuums".[39] Oder in einem Bild ausgedrückt, dass man von den vielen Möglichkeiten der Entspannung wie auf einem Klavier nur auf einer einzigen Taste spielt, anstatt die ganze Bandbreite der Töne zu nützen. Die Entwicklung zur Sucht ist ein schleichender Prozess. Wir sind alle für Süchte anfällig, deshalb macht es Sinn, die Dinge zu vermeiden, die uns nicht gut tun. Alkoholismus ist ein großes Problem in unserer Gesellschaft. Allein in Deutschland haben wir rund zwei Millionen Alkoholabhängige. Große Zahlen sind sehr abstrakt, darum denken Sie an einen ihnen bekannten Menschen in ihrer Umgebung, der durch Alkoholismus

---

[39] uni-regensburg.de, 10. 2022

wirtschaftlich und sozial zu Grunde gegangen ist. Und dann überlegen Sie, dass es 10, 100, 1000, 10.000-mal und mehr Personen ähnlich ergeht. Ist es das wert? Alkohol ist Gift für den Körper! Neueste Studien bestätigen, dass sogar der regelmäßige Konsum von geringen Mengen Alkohol gesundheitsschädlich ist.[40] Die körperlichen, psychischen und sozialen Auswirkungen sind mit viel Leid für die Betroffenen verbunden. Die beste Lösung besteht darin Alkohol grundsätzlich nicht zu konsumieren. Gerade für Menschen, die schwere Zeiten verkraften müssen, ist Alkohol gefährlich. Das Argument des Genusses ist ein Scheinargument. Man kann so viele alkoholfreie Getränke genießen und muss sich nicht den gesundheitlichen Risiken des Alkoholkonsums aussetzen. Nikotin ist ebenfalls sehr gesundheitsschädlich und sollte deshalb gänzlich vermieden werden. Über Drogen wie Heroin, Crack, Kokain, Cannabis etc. braucht man hier hoffentlich nicht viele Worte verlieren. Der Konsum dieser Drogen ist keine Lösung für die innere Anspannung. Dazu gibt es bessere Möglichkeiten, die gesund und hilfreich sind.

---

[40] Alcohol use and burden for 195 countries and territories, 1990–2016: a systematic analysis for the Global Burden of Disease Study 2016; Prof Emmanuela Gakidou, Institute for Health Metrics and Evaluation, University of Washington, Seattle, WA 98121, USA; Bas Kast, Warum ich keinen Alkohol mehr trinke, C. Bertelsmann, 2024

Licht – lassen Sie die Sonne rein

Wir bedenken selten, wie wesentlich das Sonnenlicht unser tägliches Leben beeinflusst und wie es sich vor allem auf unsere Belastungsfähigkeit auswirkt. Licht ist tatsächlich ein hervorragendes Heilmittel für alle möglichen Beschwerden von Leib und Seele. Leute, die sich regelmäßig der Sonnenbestrahlung ausgesetzt haben, berichten, dass sich dies nicht nur auf ihren körperlichen Gesundheitszustand positiv auswirkte, sondern sie sich seelisch wohler fühlten, einen besseren Appetit hatten und besser schlafen konnten. Es ist sinnvoll Bewegung und Sonnenbestrahlung miteinander zu verbinden. Eine Studie in Finnland zeigt, dass Bewegung plus Lichttherapie bessere Wirkung bei depressiven Symptomen hat als Bewegung allein.[41] Eine halbe Stunde unter freiem Himmel, auch wenn es bewölkt ist, fördert die Bildung von Serotonin und Vitamin D.

Wie bei so vielen anderen Dingen, darf man es mit der Sonnenbestrahlung nicht übertreiben. Eine zu intensive, zu lange Bestrahlung mit ultraviolettem Licht ist gefährlich. Am besten ist es, sich nicht zwischen 11.00 und 15.00 Uhr der prallen Sonne auszusetzen. Sie sollten Sonnenhut, Sonnenbrille und lange lockere, eher dunkle Kleidung tragen. Sonnenschutzcreme bitte bereits 30

---

[41] https://pubmed.ncbi.nlm.nih.gov/9854277/

Minuten vor dem Sonnenlicht auftragen. Sich im Schatten ohne Sonnenschutzmittel aufzuhalten ist gesünder als in der Sonne mit Sonnenschutz. Nicht nur eine Stunde am See bedeutet Sonnenbad, sondern auch der Radweg oder flanieren durch den Urlaubsort.

Luft – die Seele atmet mit

Es gibt noch einen weiteren guten Grund, weshalb wir uns so viel wie möglich im Freien aufhalten sollten: die frische, reine Luft! Um ordentlich gute Luft in die Lungen zu pumpen, muss man sich bewegen. Je tiefer man Luft holt, desto mehr Sauerstoff gelangt in den Körper. Vertieftes bewusstes Atmen verbessert den Blutsauerstoffgehalt und die Fitness, reduziert den Blutdruck und lindert Anspannungen. Legen Sie ihre Hände auf den Bauch - atmen Sie bewusst lange und tief in den Bauch - verlangsamen Sie die Ausatmung, indem Sie durch die geschlossene Lippen die Luft ausstoßen. Die Ausatmung soll doppelt so lange andauern wie die Einatmung (Acht Sekunden zu vier Sekunden)

Für das Gehirn ist es besonders wichtig, dass es ausreichend mit Sauerstoff versorgt wird. Menschen, die sich überwiegend oder fast nur in geschlossenen Räumen aufhalten, werden für Stress anfälliger. Sie können Ihren Sauerstoffbedarf jedoch auch decken, ohne dass Sie gleich Ihren Beruf aufgeben. Öffnen Sie so oft es geht die Fenster. Wenn das nicht möglich sein sollte, achten Sie darauf, dass die Belüftung in Ordnung ist. Schlafen Sie auch nach Möglichkeit bei offenem Fenster; sorgen Sie für einen ständigen Luftaustausch in Ihrem Schlafzimmer. Wenn es kalt ist, dann decken Sie sich lieber wärmer zu, aber verzichten Sie nicht auf die frische Luft. Bei Tag sollten Sie sich etwas wärmer anziehen, dafür weniger heizen und häufig lüften. Vermeiden Sie alles, was Ihre Lungen schädigen könnte, z.B. das Rauchen! Vermeiden Sie auch das passive Mitrauchen, so gut es möglich ist. Mittlerweile ist bewiesen, dass die passiven Raucher ebenso gefährdet sind, wie die aktiven. Nicht jeder kann auf dem Lande in frischer Luft leben, doch kurze Ausflüge können unsere Atmungsorgane gesund erhalten und die Abwehrkraft stärken.

WERTVOLL in den Alltag integrieren

Diese „acht Ärzte" lassen sich gut in den Wochenrhythmus einbauen und verursachen keine zusätzlichen Kosten. Training, Licht und Luft können durch flotte Spaziergänge von dreißig Minuten „erledigt" werden. Wenn wir unser liebstes Haustier – den inneren Schweinehund – überwinden, werden wir dafür mit einem besseren Lebensgefühl belohnt werden. Die anderen „Ärzte" sollen Schritt für Schritt ineinandergreifen. Das

Training und die sozialen Begegnungen kann man miteinander verbinden. Das motiviert und hilft beim Überwinden. Die Bewegung wirkt sich in der Folge positiv auf das Thema Ernährung und Ruhe bzw. Schlaf aus. Wer sich ausreichend draußen bewegt, hat in der Regel einen besseren Schlaf. Die „acht Ärzte der Natur" helfen die seelische Befindlichkeit zu verbessern. Über das körperliche Wohlbefinden wird es leichter möglich, positive Gedanken zu fördern und zu festigen.

Welche Empfehlungen haben mich bei den „acht Ärzten" besonders angesprochen?

PSYCHOLOGIE UND GLAUBE

Frau Ulrich lebt ein aktives Berufs- und Familienleben. Bei einer Routineuntersuchung stellt ihre Ärztin fest, dass die Blutwerte auffällig sind, und überweist sie zur weiteren Abklärung. Nach mehreren Untersuchungen wird ihr mitgeteilt, dass sie Lungenkrebs hat. Ihre bislang stabile Welt bricht zusammen. Alles, was ihr wichtig war, ihre Familie, ihr Berufsleben, ihr Engagement in einem Tennisverein als Trainerin und ihre geliebte Frauenrunde entgleiten ihr. Plötzlich fühlt sie sich allein und ausgeschlossen aus dem normalen Leben. Ein dunkles Loch tut sich unter ihr auf; sie hat das Gefühl darin zu versinken.

Was kann jetzt noch Halt bieten? Es sind Menschen und positive Gedanken, die uns unterstützen können, doch diese reichen nicht aus, wenn man mit der Vergänglichkeit des eigenen Lebens konfrontiert wird. Es gibt einen spirituellen Anker, der uns in solchen Situationen Hoffnung und Geborgenheit gibt. „Weltweit glaubt die Mehrzahl der Menschen an Gott oder eine höhere Macht, sie erleben ihre Religion als hilfreich und als eine wichtige Stütze in Lebenskrisen."[42] Der Glaube an Gott stabilisiert in emotionalen Ausnahmezuständen. Er hilft Lebenskrisen und Schicksalsschläge zu bewältigen. Psychologie und Glaube können sich sehr gut ergänzen. Die Psychologie bietet durch Forschung gut begründete praktische Lösungsschritte an. Das Vertrauen zu Gott ermöglicht einen übernatürlichen Halt und Sinn, wie es die Psychologie nicht vermitteln kann. Deshalb sollen auf den folgende Seiten Anregungen aus dem seelsorgerlichen Bereich helfen, hoffnungsvoll und zuversichtlich nach vorne zu blicken.

Gott vertrauen

Das Vertrauen zu Gott ist eine Ressource für Körper und Seele. Das zeigen 1200 unabhängige wissenschaftliche Untersuchungen. Religiöse Menschen sind weniger oft im Krankenhaus und haben einen durchschnittlich besseren Gesundheitszustand. Sie reagieren auf Belastungen weniger häufig mit Depressionen und erholen sich im Krankheitsfall schneller. Sie verfügen über ein stärkeres Immunsystem.[43] Der gesundheitliche Zustand ist aber ein Nebeneffekt des Glaubens. Wer lernt sich vertrauensvoll in die Hand Gottes zu legen, profitiert von der gesundheitsfördernden Kraft des Glaubens.

---

[42] Psychologie heute, Vertrauen in das Unsichtbare, 01.2019, S.47
[43] Amberger, 2000, S.8f

Der Psychologe Michael McCullough fand heraus, dass Religiosität nur dann eine messbare positive Wirkung hat, wenn sie in der Öffentlichkeit gelebt wird, wobei die sozialen Kontakte und Aktivitäten eine Rolle spielen. Der Psychologe Geisler meint, „dass Glaube starke Hoffnungspotenziale freisetzt, die für die Genesung unerlässlich sind, dass das Immunsystem dadurch stimuliert wird und dass es sich bei Gläubigen oft um seelisch stabilere Menschen handelt." [44]

Das Gespräch mit Gott

In dem Bestseller „Sorge dich nicht - lebe!" von Dale Carnegie[45] gibt es ein beeindruckendes Kapitel über das Gebet. Es wird hier berichtet wie Menschen, die Sorgen hatten, durch das Gebet Entlastung fanden.

Carnegie zählt drei wichtige psychologische Wirkungen des Gebetes auf:

1. Das Gebet hilft mir, das Problem klar zu formulieren.
2. Im Gebet machen wir die Erfahrung, dass wir unsere Last mit jemand teilen können und wir nicht allein sind.
3. Durch das Gebet tritt das positive Prinzip des Handelns in Kraft. Es ist der erste Schritt etwas zu tun.

---

[44] Psychologie heute 3/05, S. 26
[45] Dale Carnegie, 1992, S. 220f

Im Gebet können wir Entlastung von den Grübeleien erfahren. Das Gebet richtet unsere Gedanken auf Gott. Jesus ermutigt in der Bergpredigt mit dem himmlischen
Vater zu rechnen, der die hintersten Winkel unseres
Herzens kennt. Im Gebet sagen wir Gott nichts Neues,
aber wir bekennen, dass wir ihn brauchen. Weil er uns
liebt, können wir gewiss sein, dass er uns hört. Man kann
Gott sein Leid, seine Not, seine Gebundenheit vorlegen.
Man kann ihm seine Sorgen und Nöte anvertrauen und
ihm danken. Im Gebet wenden wir uns an den, der versprochen hat, jeden Tag bei uns zu sein, und uns auf unserem Weg zu begleiten. Er ist nie gegen uns, sondern
will das Beste für uns.

Viele finden es hilfreich laut zu beten. Dadurch kann
man sich besser konzentrieren. Auch das Aufschreiben
von Gebeten kann eine große Hilfe sein. Die Psalmen
zeigen, wie Menschen über Ungerechtigkeit, Leid oder
persönliche Schuld mit Gott gesprochen haben. Wenn
man den Eindruck hat, nicht die richtigen Worte zu finden, kann man diese Gebete lesen. Das Wesentliche ist,
seinen Blick, seine Gedanken und seine Emotionen, auf
Gott auszurichten. Folgendes Gebet ist ein Vorschlag:
„Gott im Himmel, du hörst mich und ich danke dir, dass
ich mit dir sprechen kann. Danke, dass du es gut mit mir
meinst. Ich will mich dir anvertrauen und bitte dich um

deine Führung in meinem Leben. Befreie du mich von den Gedanken, die mich belasten. Schenke mir deinen Frieden im Herzen. Danke, dass du dich um mich sorgst und das Beste für mich willst. Du bist voller Liebe zu mir und möchtest, dass es mir besser geht. Dafür danke ich dir! Ich will dir immer mehr vertrauen. Amen! (Amen bedeutet: So sei es! Es drückt die Zuversicht des Beters aus.)

Wie geht es mir, wenn ich dieses Gebet laut lese und bewusst an Gott richte? Was möchte ich Gott noch gerne sagen?

DAS DUNKLE TAL VERLASSEN

Jetzt sollen praktische Lösungsschritte aus der Sicht der christlichen Seelsorge beschrieben werden. Stellen wir uns vor, wir sind in einem Tal eingesperrt. Wir kommen von allein nicht raus, denn vor uns und hinter uns sind riesige Geröllhaufen, die durch eine Lawine entstanden sind. Und die Wände links und rechts sind senkrecht und glatt. Das enge dunkle Tal ist ein Bild für die Gefangenschaft nach einer Krise, von der wir emotional nicht loskommen.

Die vier Seiten, die wir nicht überwinden können, stehen für beispielhafte Haltungen, die uns in dem Tal der negativen Denkstrukturen festhalten:

1. Rache: Ich will mich rächen.

2. Opfer: Ich wurde ein Opfer.

3. Ohnmacht: Ich kann nichts tun.

4. Pessimismus: Ich finde das Leben ist ungerecht.

Nun wollen wir über vier Aktivitäten nachdenken, die uns helfen können aus dieser emotionalen Gebundenheit rauszukommen.

Vertrauen

In diesem Tal taucht ein Bergretter auf, der sich zu Ihnen über eine der Wände mit einem Seil heruntergelassen hat. Der Bergretter kann Sie nicht mit seinem Seil hochziehen, aber er ist bereit mit Ihnen hochzuklettern. Er geht voraus, und Sie müssen hinterher klettern. Sie blicken die hohe Wand hinauf und sind davon überzeugt, dass Sie dies nie schaffen können. Sie haben Angst, denn allein der Blick nach oben lässt schon Ihre Knie schlottern.

Der Retter hat eine zuversichtliche Ausstrahlung und sagt: "Ich kenne diese Wand, und ich bringe Sie hier raus!" Nur wenn Sie das Risiko des Vertrauens eingehen, kann Ihnen geholfen werden. Sie können nicht auf Erfahrungen der Vergangenheit zurückblicken, denn es ist eine komplett neue Herausforderung für Sie.

Welche Dimension bekommt das Vertrauen, wenn wir Gott als den Retter sehen? Er kommt in unser dunkles Tal und will uns herausführen. Er ist unser Schöpfer, und wir können ihm begegnen, wenn wir es zulassen. In der Bibel sagt Gott uns zu: „Ich bin der HERR, dein Gott, der dich lehrt, was dir hilft, und dich leitet auf dem Weg, den du gehst."[46]

---

[46] Jesaja 48,17 Bibelzitate sind aus Lutherübersetzung, wenn nicht anders angegeben.

Haben Sie Vertrauen, dass Gott Sie in die Freiheit führen kann. Sie können Heilung von Ihren Ängsten und negativen Denkmustern erfahren. Das Erste, was Sie tun müssen, ist zu vertrauen, dass dies möglich ist, auch wenn Sie es für unmöglich halten. Es ist wie die beschriebene hohe Wand, die Sie niemals unter normalen Umständen besteigen würden, aber Sie können jetzt eine neue Erfahrung machen. Das Vertrauen zu Gott ermöglicht mir Halt und Frieden zu finden, wie es durch keine psychologische Methode möglich ist. Jesus sagt: „Meinen Frieden gebe ich euch. Nicht gebe ich euch, wie die Welt gibt. Euer Herz erschrecke nicht und fürchte sich nicht."[47]

Es gibt viele gute und glaubwürdige Argumente für die Existenz Gottes und, dass man ihm vertrauen kann. Die vielen alltäglichen Wunder des Lebens weisen uns auf ihn und sein Wesen hin.[48]

1. Die Fähigkeiten des Menschen: Warum haben wir einen freien Willen, wenn wir angeblich nur die Summe unsere Atome und Moleküle sein sollen? Warum haben

---

[47] Johannes 14,27
[48] Mehr Information, warum wir begründet von der Existenz Gottes ausgehen können und warum wir ihm vertrauen können, finden Sie in meinem Buch: „Unser Leben voller Wunder"

wir eine ethische Antenne, die uns sagt, was gut und böse ist? Warum verfügen wir über kreative Fähigkeiten und haben ein Empfinden für Schönheit? Warum lieben wir? Diese Fähigkeiten lassen sich am besten damit erklären, dass ein persönlicher Gott uns diese Eigenschaften geschenkt hat.

2. Die Komplexität in der Natur: Sie zeigt uns, dass es einen Konstrukteur des Lebens geben muss. Zum Beispiel enthält jede menschliche Zelle eine genetische Information, die aus vier biologischen Buchstaben besteht. Mit ihr könnte man, wenn man sie als Text darstellt, 12.000 Bücher füllen. Hier ist genau vorgegeben, wie der Mensch aussieht und funktioniert. Wer hat diese Informationen geschrieben? Für einen sinnvollen Text benötigt es immer eine Intelligenz.

3. Das Wunder der Religionsgeschichte: Folgende Fragen ergeben sich durch das Leben von Jesus Christus: Wie ist es möglich, dass genau vorhergesagt wurde, wo Jesus geboren wird und wann er öffentlich auftreten und sterben wird? Stimmt es, dass Jesus massenhaft Kranke geheilt hat? Ist er auferstanden? Warum haben die Augenzeugen davon gesprochen, obwohl sie dadurch nur Nachteile gehabt haben?

4. Die Erfahrung: Die Heilung und die Hilfe, die heute viele Millionen Menschen durch den Glauben an Gott erlebt haben, zeigt, dass es um praktisches Erfahrungswissen geht. Die Erfahrung der Geborgenheit in Gott bewirkt eine Heilung - auch von grüblerischen Gedanken. Wir haben Grund zu Vertrauen. Gott gibt uns so viel Licht damit wir vertrauen können und er lässt so vieles im Dunkeln, damit wir nicht vertrauen müssen, wenn wir nicht wollen.[49] Doch kehren wir wieder zum Bild des Retters zurück, der uns aus der Schlucht befreien will.

Loslassen

Wenn ein Kletterer mit Ihnen eine Wand hochklettern will, dann wird er zuerst Ihr Vertrauen in das Seil, den Gurt und die Karabiner stärken. Dazu muss er Sie ein wenig hochsteigen lassen und zu Ihnen sagen: „Lassen Sie los!" Loslassen ist auch nach Krisen wichtig. Was ist damit gemeint? Beim Klettern verschafft das Loslassen die Erfahrung, gehalten zu sein. Wenn ich nicht loslasse, sondern versuche, mich krampfhaft an der Wand festzuhalten, dann kostet das viel Kraft und ich kann die Sicherheit nicht erfahren. Wir können mit dem Verstand zustimmen, dass das Seil oder Gott uns trägt. Aber wahre Sicherheit entsteht nicht allein im Denken, sondern nur im persönlichen Loslassen, dann kann ich

---

[49] Blaise Pascal

erfahren, dass ich von Gott gehalten bin. Auf diesem Weg können wir unsere Rachegedanken, unseren Hass und den verkrampften Kampf um Gerechtigkeit loslassen. Es bedeutet auch, dass wir Menschen vergeben oder noch treffender gesagt, sie loslassen – selbst dann, wenn sie ihre Schuld nicht einsehen. Damit machen wir uns unabhängig von ihrem Verhalten. Das ist ein wichtiger Schritt in die Freiheit. Das geht nicht von heute auf morgen, aber es beginnt eine neue Entwicklung, wenn wir uns dafür entscheiden. Loslassen kann auch bedeuten, dass ich meine eigenen Grenzen wahrnehme und sie anerkenne, und trotzdem mein Leben positiv und erfüllt gestalten kann. Loslassen bedeutet nicht Erdulden oder sich der Passivität hinzugeben, sondern aktiv zu sein. Es bedeutet Abschied nehmen, Sicherheiten verlassen, Veränderung einleiten und sich trotzdem geborgen zu wissen. Denn es gibt jemand, der mich sichert, und ich werde deshalb nicht in die Tiefe fallen. Gott ist meine Sicherheit. Er ist mein Retter aus dem dunklen Tal, indem ich gefangen war. Durch Loslassen kann ich wieder aktiv werden, indem ich sage: „Ich bin jetzt kein Opfer mehr, sondern befreit zu einem neuen Leben, weil ich mich von Gott gehalten und geführt wissen darf."

Handeln

Der Bergretter will mit uns zusammenarbeiten und uns motivieren. Beim Klettern in der senkrechten Wand sieht man meist nur den nächsten oder übernächsten Griff. Darum ruft der Bergretter einem zu: „Du musst weiter steigen, schauen allein bringt nichts! Mach einen Schritt nach dem anderen, streck deine Beine, dann wirst du die weiteren Griffe sehen!" So ist es auch im Leben. Nur durch das Handeln kommt man zu neuen Möglichkeiten und Erfahrungen; nicht durch Nachdenken über Ursachen. Wer handelt, kann auch scheitern, aber trotzdem geht es weiter. Wenn etwas schiefläuft, lernt man etwas dabei. Wer nichts tut und nichts riskieren will, der macht keine Fehler, kommt aber auch nicht voran. Passivität kann zur schlechten Gewohnheit werden. Wer sich konzentriert einer Tätigkeit widmet, entlastet seine Psyche.

Warum hilft gezieltes Handeln? Weil dafür Aufmerksamkeit nötig ist und mein Denken auf ein Ziel ausgerichtet ist. Dadurch macht man wieder die Erfahrung, etwas zu bewirken und zum Guten verändern zu können. Gott hat uns nicht als Marionetten geschaffen. Er hat, als er den Menschen schuf, nicht ein Schlaraffenland kreiert, sondern einen Garten, den seine Geschöpfe bebauen und bewahren sollten. Gott hat Menschen mit unterschiedlichen Gaben, mit Intelligenz und Geschick ausgestattet. Mit diesen Fähigkeiten kann der Mensch sein Leben gestalten. Gott will nicht, dass wir uns hilflos und ohnmächtig fühlen, sondern er ermutigt uns, einen Schritt nach dem anderen zu tun, denn Handeln stärkt die Erfahrung der Wirksamkeit und damit auch das Selbstbewusstsein. Indem er die Menschen zu selbstständigen handelnden Wesen gemacht hat, gab er ihnen einen besonderen Wert.

Danken

Beim Klettern kommt man nicht weiter, wenn man lange darüber nachdenkt, was nicht geht. Man soll immer wieder die Möglichkeiten für das Weiterkommen suchen. Wir können in einer dankbaren Haltung die nächsten Löcher, Kanten und Risse für die Hände und Füße suchen. Mit Dankbarkeit sind wir nicht auf Verluste und Defizite fixiert, sondern auf Gelegenheiten und Geschenke.

Ich kann mich fragen, was ich dazu gelernt habe, wo ich wachsen durfte und welche Menschen mich unterstützt haben. Dankbarkeit hilft, wieder Energie zu bekommen. Die Gefühlslage wird sich ändern. Notieren Sie sich täglich Erfahrungen und Erkenntnisse, für die Sie dankbar sind. Dabei ist auch das Genießen wichtig. Was kann ich genießen? Welche Momente erfreuen mich? Durch die Dankbarkeit wird die Wahrnehmung auf das Angenehme gerichtet.

Der österreichische Kabarettist Gerhard Bronner hat am Ende seiner Biografie geschrieben: „Ich kann für so viele Dinge dankbar sein. Ich würde mich gerne bei jemand bedanken, aber ich wüsste nur gerne bei wem."[50]

Darauf muss jeder seine Antwort finden. Es gibt Menschen, denen wir danken können. Zeigen Sie Dankbarkeit, wenn Weggefährten Ihnen in schweren Stunden beigestanden sind. Laden Sie diese Freunde zum Essen ein, machen Sie ihnen ein nettes Geschenk oder feiern Sie ein kleines Fest mit ihnen. Es gibt auch Grund genug, Gott für das Leben und seine schönen Seiten zu danken. Wir müssen das nicht tun. Niemand kann uns dazu verpflichten, denn so funktioniert Dankbarkeit nicht. Doch denken wir ein wenig darüber nach, und vielleicht finden wir Gründe, Gott zu danken.

Vertrauen, loslassen, handeln und danken sind vier Schritte, die wir in unserem Leben gehen können. Es muss nicht genau diese Reihenfolge sein. Die Schritte

---

[50] Gerhard Bronner, Spiegel vorm Gesicht, Deutsche Verlags-Anstalt, 2. Edition, 2004

werden sich wiederholen, aber um freier und positiver in die Zukunft blicken zu können, sollten wir sie immer wieder gehen.

Im Vertrauen auf seinen Bergretter die Wand hochzuklettern, auch mal alle Griffe loszulassen und sich bewusst hängen lassen, wenn man nicht mehr kann, aber dann wieder aktiv den nächsten Schritt riskieren, und dankbar die Möglichkeiten nützen, das ist der Weg raus aus dem dunklen Tal.

Dazu ein passendes Lied:
„Der Herr ist mein Hirte, ich habe alles, was ich brauche. Er lässt mich in grünen Tälern ausruhen, er führt mich zum frischen Wasser. Er gibt mir Kraft. Er zeigt mir den richtigen Weg um seines Namens willen. Auch wenn ich durch das dunkle Tal des Todes gehe, fürchte ich mich nicht, denn du bist an meiner Seite. Dein Stecken und Stab schützen und trösten mich. Du deckst mir einen Tisch vor den Augen meiner Feinde. Du nimmst mich als Gast auf und salbst mein Haupt mit Öl. Du überschüttest mich mit Segen. Deine Güte und Gnade begleiten mich alle Tage meines Lebens, und ich werde für immer im Hause des Herrn wohnen."[51]

---

[51] Psalm 23 (Neues Leben Bibel)

Nick Vujicic - ohne Arme und Beine geboren

Wir wollen jetzt anhand eines Menschen, der in einer massiven Lebenskrise war, diese vier Schritte gehen. Nicholas Vujicic wurde am 4. Dezember 1982 in Melbourne/Australien ohne Arme und Beine geboren. Nur ein kleiner Fuß mit zwei Zehen ist am Ansatz des linken Oberschenkels vorhanden. Außer dieser sehr seltenen Fehlbildung, dem Tetra-Amelie-Syndrom, war der kleine Nick, wie man ihn später nannte, gesund. Seine Eltern waren schockiert, doch sie nahmen ihren Sohn an und förderten ihn so gut es ging, damit er zukünftig ein möglichst selbstständiges Leben führen könnte. Jeder fragte sich: "Wenn Gott ein Gott der Liebe ist, warum lässt er eine solche grauenhafte Sache geschehen?"

Nick Vujicic musste aufgrund der australischen Gesetzgebung eine Schule für Behinderte besuchen. Seine Mutter setzte sich dafür ein, dass er in eine übliche öffentliche Schule kam. Nick lernte mit seinem kleinen Füßchen zu schreiben und einen Computer zu bedienen. Er war ein begeisterter Sportler. Er lernte schwimmen, surfen und Skateboard fahren. Obwohl Nick versuchte so zu sein wie seine Mitschüler, fiel er doch sehr durch seine körperliche Behinderung auf. Von seinen Mitschülern wurde er verspottet und ausgegrenzt. Obwohl seine Eltern ihn immer wieder ermutigten, vereinsamte Nick und wurde schwer depressiv. Er wollte sich im Alter von zehn Jahren das Leben nehmen. Für ihn war sein Leben sinnlos und ohne Perspektive.

Nick Vujicic: „Ich war damals nur auf das konzentriert, was ich mir wünschte, tun zu können und zu haben, was ich nicht hatte. Dabei vergisst du dann das, was du hast und wofür du dankbar sein kannst"

Nick wollte sich in der Badewanne das Leben nehmen, doch er dachte über seine Beerdigung nach, und wie seine Eltern trauern würden. Mit vielen Rückschlägen, aber auch Aufmunterungen seiner Familie kämpfte er weiter. Als Nick 13 Jahre alt war, kam ein blinder Redner an seine Schule, der aus seinem Leben erzählte. Die Schüler waren so beeindruckt, dass dieser Vortrag zum Wendepunkt für Nick wurde. Auch er wurde eingeladen über seine Situation zu sprechen. Er sprach über seine Hoffnungen und wie er sein Leben meisterte. Die Zuhörer waren begeistert von Nick. Er bekam Mut vor größeren Gruppen zu sprechen, um seine Zuhörer zu ermutigen, ihr Potential zu sehen und ihre Träume zu verwirklichen. Er hat einen tiefen Frieden erlebt, nachdem er verstanden hat, dass Gott ihn gebrauchen will. Er kam zum Glauben an Gott, nachdem er mit 15 Jahren im neunten Kapitel des Johannes-Evangeliums, von einem jungen Menschen gelesen hatte, der blind geboren wurde. Jesus sagte, dass er blind geboren wurde, damit sich Gott durch sein Wirken zeigen würde. Jesus heilte diesen Blinden. Nick dachte, Gott würde ihn heilen. Doch später hat er verstanden, dass Gott ihn so gebrauchen will, wie er ist, in einer Art und Weise, die durch andere nicht möglich wäre. Nun hatte er den Sinn und die Aufgabe seines Lebens erkannt. Nach der Grundschule in Brisbane ging er auf eine Hochschule im gleichen Ort. Er erwarb Hochschulabschlüsse in Rechnungswesen und Finanzplanung. Nick hat seine Behinderung nicht mehr als Strafe, sondern als Herausforderung und Auftrag Gottes begriffen. Er hat seine Lebensaufgabe darin gesehen, Menschen zu ermutigen und Hoffnung zu geben, dass Gott für jeden Menschen einen Plan hat. Er ist heute ein gefragter Redner und Buchautor. Er spricht in Schulen, Kirchen, Kongressen und immer wieder auch in Gefängnissen. Er lebt heute in Kalifornien, ist seit 12. Februar 2012 verheiratet und hat vier Kinder.

Nick ermutigt uns: „Wenn du denkst, dass das Leben ungerecht ist, dann geh einfach weiter und frag nach Gottes Ziel, das dahintersteckt. Diese Geschichte ist für dich. Vielleicht bist du deprimiert wegen deiner Situation… Hab keine Sorge mehr. Gott hat dich lieb, gerade mit Seiner ewigen Liebe und Seinem Mitgefühl. Hab Vertrauen zu Ihm. Er kann dich nicht verlassen. Mit Gott in deinem Leben, ist das Leben schöner. Ich bin ohne Hände und ohne Füße geboren. Niemand weiß die

Ursache. Ich sollte gegen viele Hindernisse und Schwierigkeiten kämpfen. Aber Gott zeigt, dass Er über den Gedanken der Menschen steht. Wo die Menschen ihre Grenzen erfahren, da fängt Gott an. Was er in meinem Leben getan hat und noch tut, kann er auch in deinem Leben tun."[52] Heute sagt Nick: „Angst ist die größte Behinderung von allen."

Wir sehen im Leben von Nick diese vier Schritte:

Vertrauen finden, dass das eigene Leben Sinn und Ziel hat. Gott vertrauen, dass er es gut mit einem meint.

Loslassen, was ich nicht haben kann, und damit frei werden für das, was sich mir bietet. Loslassen und sich dabei in Gott geborgen und sicher zu wissen.

Handeln und einen Schritt nach dem anderen gehen. Auch wenn es scheinbar langsam geht, ist jeder Schritt Teil eines Fortschritts. Handeln, weil Gott mir damit neue Möglichkeiten zeigen kann.

Danken für die Möglichkeiten jeden Tages. Gott danken für die täglichen Geschenke.

---

[52] zeltmacher.eu/nick-vujicic/

Durch die vier Schritte können wir die Angst überwinden und gestärkt aus Krisen hervorgehen, denn in jeder Grenzerfahrung steckt im Nachhinein auch die Chance eines besonderen Lernprozesses. Versuchen Sie aufgrund der vier Schritte einige konkrete Fragen für Ihr Leben zu formulieren und darauf zu antworten.

Vertrauen: Warum darf ich vertrauen, dass es für mich einen Sinn und eine weitere Lebensaufgabe gibt? Wo sehe ich diese Lebensaufgabe in kleinen Ansätzen schon? Was bedeutet es für mich, wenn Gott zu mir sagt: „Vertraue mir, ich werde dir helfen!"

Loslassen: Welche Haltungen soll ich fallen lassen? Welche Kämpfe soll ich aufgeben, die mir nur Energie rauben? Wenn ich jetzt meinen Kampf loslasse und Gott übergebe, was spüre ich dann in mir? Warum darf ich hoffnungsvoll nach vorne schauen? Habe ich bereits schwierige Situationen bewältigt, wo es scheinbar keinen Ausweg gab? Hat sich schon mal eine Lösung ergeben, mit der ich gar nicht gerechnet habe?

Handeln: Was ist als nächstes dran? Wenn ich kaum Kraft habe, gibt es eine kleine Aufgabe, die ich erledigen könnte? Kann ich mir dafür eine halbe Stunde Zeit nehmen? Und wenn ich etwas mehr Energie habe: Welche Punkte will ich auf einer Checkliste schriftlich festhalten, die ich innerhalb der nächsten drei Tage erledigen will? Gibt es jemand der mir helfen kann? Warum scheue ich mich, mit jemand zu sprechen? Sind meine Gründe wirklich berechtigt? Bin ich der einzige Mensch, der diese Probleme hat? Mit wem könnte ich mich beraten, um ein Problem zu lösen? Wie habe ich den Austausch erlebt? Welche Erfahrungen habe ich gemacht, als ich etwas erledigt habe? Wie hat es sich angefühlt? Motiviert mich das, andere Aufgaben zu erledigen? Warum ist es sinnvoll, sich vor allem auf den heutigen Tag zu konzentrieren und einen Schritt nach dem anderen zu tun?

Danken: Was habe ich durch die Krise gelernt? Für welche Menschen und Hilfe kann ich heute dankbar sein? Welche Erfahrungen habe ich in der Krise gemacht, die mich positiv überrascht haben? Was hat mich ermutigt? Wofür bin ich jetzt in diesem Moment dankbar? Wofür möchte ich gerne Menschen und Gott danken? Kann ich jemand eine kleine Karte schicken, mit der ich mich bedanke? Wie könnte ich noch meine Dankbarkeit zeigen?

ZUSAGEN FÜR UNSER LEBEN

Glücklich jene, die sich nach Hilfe sehnen

Wenn ein Mensch angesichts der „tragischen Trias von Leid, Schuld und Tod"[53] ins Grübeln kommt, so ist das verständlich. Ist Gott nicht gerade bei denen, die verzweifelt über den Sinn des Leides grübeln? So fragt der biblische Prophet Jeremia im Alten Testament: „Warum währt doch mein Leiden so lange und ist meine Wunde so schlimm, dass sie nicht heilen will?"[54] Und jene, die ständig an ihr Versagen denken; sind es nicht gerade sie, die der Geist Gottes erreichen möchte? So bittet David nach schweren Verfehlungen: „Gott, sei mir gnädig nach deiner Güte, und tilge meine Sünden nach deiner großen Barmherzigkeit. Wasche mich rein von meiner Missetat, und reinige mich von meiner Sünde; denn ich erkenne meine Missetat, und meine Sünde ist immer vor mir."[55] Sind nicht jene weise, die über die Vergänglichkeit des Lebens nachdenken? „Unser Leben währt siebzig Jahre, und wenn's hoch kommt, so sind's achtzig Jahre, und was daran köstlich scheint, ist doch nur vergebliche Mühe, denn es fährt schnell dahin, als flögen wir davon. … Lehre uns bedenken, dass wir sterben müssen, auf

---

[53] Frankl; 1991, S. 89
[54] Jeremia 15,18
[55] Psalm 51,2-5

dass wir klug werden."[56] Nach den Worten Jesu sind die Menschen selig, die Hunger nach einer besseren Welt haben, in der es Gerechtigkeit und Frieden gibt. Er gibt ihnen die Zusage: „Sie sollen satt werden."[57] Jene Menschen, die in diesem Sinne über die Welt und sich selbst grübeln, können die nötige Sensibilität für den Glauben entwickeln. Sie können begreifen, dass Gott die Antwort auf die großen Fragen unserer Existenz ist. „Denn wer da bittet, der empfängt; und wer da sucht, der findet; und wer da anklopft, dem wird aufgetan."[58]

Die Bibel bietet durch ihre wertvollen und ermutigenden Zusagen eine Hilfe an. Einige Bibelstellen zum Thema „vertrauen und loslassen" und „handeln und danken" werden nun mit einem kurzen Kommentar angeführt. Jeden Tag kann man eine dieser Aussagen lesen und darüber in einer „stillen Zeit" nachdenken. Dieser Moment der Besinnung könnte folgendermaßen gestaltet werden: Zuerst Gott um sein Wirken bitten, dann den Text mehrmals lesen und schließlich darüber nachdenken, was die Aussage für meine aktuelle Situation bedeuten könnte. Zum Abschluss Gott danken für das, was einem bewusst geworden ist.

---

[56] Psalm 90,10-12
[57] Matthäus 5,6
[58] Matthäus 7,9

VERTRAUEN UND LOSLASSEN

* Verlass dich auf den Herrn… verlass dich nicht auf deinen Verstand.[59]

Wir sollen den Verstand nützen, aber er hat seine Grenzen. Gerade beim Grübeln macht man diese Erfahrung. Wie befreiend kann es sein, wenn man den Versuch alles verstehen zu wollen aufgibt und sich mit seiner ganzen Existenz auf Gott verlässt.

* Ich habe dich erlöst. Du bist mein![60]

Die Gewissheit, Gott zu gehören, kann uns helfen aus dem Grübeln heraus zu finden. Wenn ich ihm vertraue, kann ich manche zermürbende Gedanken aufgeben. Wir können nicht durch viel Nachdenken diese Erlösung bekommen. Es ist einfacher. Indem wir Gott und seiner Erlösung vertrauen, nehmen wir sein Geschenk an. Jesus hat uns durch seinen Tod am Kreuz von unserer Schuld und unseren existenziellen Sorgen erlöst. Er hat gesagt: „Wer zu mir kommt, den werde ich nicht hinausstoßen."[61]

---

[59] Sprüche 3,5
[60] Jesaja 43,1
[61] Johannes 6,37

* Sorgt nicht um euer Leben.[62]

Sorgen können zum Grübeln führen und uns erdrücken. Jesus fordert auf, dass wir uns in all den Nöten des Alltages nicht zu sehr Sorgen sollten: „Trachtet zuerst nach dem Reich Gottes und nach seiner Gerechtigkeit, so wird euch das alles zufallen. Darum sorgt nicht für morgen, denn der morgige Tag wird für das Seine sorgen. Es ist genug, dass jeder Tag seine eigene Plage hat."[63] Jesus meint, es genügt, wenn wir uns über diesen Tag und seine Herausforderungen Gedanken machen. Das Reich Gottes im Herzen lässt die Sorgen der Gegenwart in einem weniger belastenden Licht erscheinen, denn Gott verspricht, dass er sich um uns kümmert.

* Ich komme wieder und werde euch zu mir nehmen.[64]

Angesicht des Todes ist jegliche innerweltliche Hoffnung absurd. Christen können Optimisten sein, denn sie wissen, dass Jesus versprochen hat wieder zu kommen, die Toten aufzuerwecken[65] und einen neuen Himmel und eine neue Erde zu schaffen. Johannes schreibt über diese neue Welt: „Und ich hörte eine große Stimme von dem Thron her, die sprach: Siehe da, die Hütte Gottes

---

[62] Matthäus 6,25
[63] Matthäus 6,33-34
[64] Johannes 14,3
[65] 1.Thessalonicher 4,13-17

bei den Menschen! Und er wird bei ihnen wohnen, und sie werden sein Volk sein, und er selbst, Gott mit ihnen, wird ihr Gott sein; und Gott wird abwischen alle Tränen von ihren Augen, und der Tod wird nicht mehr sein, noch Leid noch Geschrei noch Schmerz wird mehr sein; denn das Erste ist vergangen. Und der auf dem Thron saß, sprach: Siehe, ich mache alles neu! Und er spricht: Schreibe, denn diese Worte sind wahrhaftig und gewiss!"[66]

* Wer das Leben verliert, wird es gewinnen.[67]
Grübeln ist ein Ausdruck dafür, dass man gedanklich für Gerechtigkeit, Wiedergutmachung oder Sicherheit kämpft. Es kann befreiend sein, diesen Kampf aufzugeben und sich Gott anzuvertrauen. Manchmal muss man loslassen, damit man Kraft für ein neues Leben findet. Gegen Unvermeidliches anzukämpfen, kostet viel Energie. „Loslassen" könnte hier bedeuten, den Krampf mit dem Unvermeidlichen aufzugeben und sich zu einem neuen Leben mit seinen neuen Gestaltungsmöglichkeiten aufzumachen.

---

[66] Offenbarung 21,3. 4
[67] Lukas 17,33

* Alle Dinge dienen denen zum Besten, die Gott lieben.[68]

Diese Aussage bewegt, weil sie zeigt, dass das, was nicht bestens war, für uns zum Besten werden kann, wenn wir in eine liebende Verbindung mit Gott eintreten. Wer sich von Gott geliebt weiß, kann in den negativen Erfahrungen einen Lernprozess für sich erkennen. Diese Perspektive hilft in den Verletzungen und Schwierigkeiten der Vergangenheit, einen Sinn zu sehen.

* Sei nicht allzu gerecht ... damit du dich nicht zugrunde richtest.[69]

In diesem Abschnitt geht es darum, kein Gerechtigkeitsfanatiker zu werden. Wer will, dass alle Menschen mit ihm gerecht umgehen, oder dass es in dieser Welt gerecht zugehen muss, der wird viele Momente haben, die ihn an den Rand der Verzweiflung bringen. Wir sollten darauf achten, dass wir in unserer Forderung nach Gerechtigkeit nicht „allzu gerecht sind", wie es die Bibel ausdrückt, ansonsten könnten wir in unserem Gram versinken. Und wir selbst? Sind wir nicht auch manchmal ungerecht? Muss nicht auch uns vergeben werden?[70]

---

[68] Römer 8,28
[69] Prediger 7,16
[70] Prediger 7,22

HANDELN UND DANKEN

* Kommt her zu mir, alle, die ihr mühselig und beladen seid. Nehmt auf euch mein Joch und lernt von mir; denn ich bin sanftmütig und von Herzen demütig; so werdet ihr Ruhe finden für eure Seelen.[71]

Jesus lädt uns zu einer persönlichen Verbindung mit ihm ein. Das, was uns innerlich aufwühlt und uns unruhig macht, sollen wir an ihn abgeben. In dieser Verbindung möchte er, dass wir von ihm lernen und uns von ihm führen lassen. Damit will er uns entlasten und uns den Frieden für unsere Seele geben.

* Vergebt einer dem andern, wie auch Gott euch vergeben hat.[72]

Im Streit leben ist immer wieder ein Anlass zum Grübeln. Hier bleibt man in innerer Unruhe gefangen, die das Leben vergiftet. Unversöhnlichkeit bedeutet, jemandem seinen Fehler nicht zu vergeben und durch den Hass gebunden zu bleiben. Jesus fordert auf: „Vergebt einander, wie der Vater im Himmel euch vergeben hat." Zu vergeben heißt, Dinge für sich abzuschließen unabhängig davon, ob das Gegenüber Einsicht zeigt oder nicht. Vieles kann nicht mehr gut gemacht werden, aber

---

[71] Matthäus 11,28.29
[72] Epheser 4,32

ich tue mir selbst etwas Gutes, wenn ich verzeihe und nicht mehr ständig auf die Ungerechtigkeiten der Vergangenheit schaue. Ein hilfreiches Heilmittel ist, für den anderen und für mich zu beten.

* Überwindet Böses mit Gutem.[73]
Die Bibel gibt den Rat, Gutes zu tun, damit man frei wird von den negativen Emotionen. Das funktioniert, weil ich mich durch eine positive zielorientierte Handlung automatisch auf jemand anderen konzentriere. Die positive Handlung wirkt zurück auf meine Gefühle. Das kann man als Grübler testen. Sag jemandem ein freundliches Wort! Ermutige! Mach ein kleines Geschenk! Sei ein aufmerksamer Zuhörer!

* Wenn du auf meine Gebote geachtet hättest, so würde dein Friede sein wie ein Wasserstrom.[74]
Gottes zehn Gebote[75] fassen zusammen, wie die Beziehung zu Gott und zum Mitmenschen gelingen kann. Sie sind Teil der Schöpfungsordnung Gottes, sie sind heilig, gerecht und gut.[76] Wir sollten diese Prinzipien für ein erfülltes und glückliches Leben einhalten, ansonsten

---

[73] Römer 12,21
[74] Jesaja 48,18
[75] 2.Mose 20
[76] Römer 7,12

werden wir viel Grund zum Grübeln haben. Jesus vertieft in der Bergpredigt die Gebote Gottes, weil er zeigen will, dass unser Handeln in den Gedanken und Motiven ihren Ursprung haben. Damit möchte er uns vor Selbstgerechtigkeit und einem oberflächlichen Glauben bewahren. Wir können durch das Halten der Gebote vor Gott nicht perfekt aber gesegnet sein.

* Geh hin zur Ameise, du Fauler.[77]
Der Text fordert zum Handeln auf. Nicht das Klagen und Analysieren von Situationen hilft uns weiter, sondern der tatkräftige Einsatz. Gott kann uns nicht helfen, wenn wir nichts tun wollen. Er ist nicht bereit, etwas zu tun, was wir sehr wohl selbst tun könnten. Das Handeln ist wichtig, weil es uns erfahren lässt, dass wir etwas bewirken können. Das ist die Würde, die Gott uns als eigenständige Wesen zugedacht hat.

* Seid dankbar in allen Dingen.[78]
Die Bibel ermutigt zur Dankbarkeit. In der Dankbarkeit richte ich meinen Blick auf das, was ich als Geschenk empfangen habe. Man sollte sich täglich drei Punkte aufschreiben, für die man dankbar ist. Das schafft einen

---

[77] Sprüche 6,6
[78] 1.Thessalonicher 5,18

neuen Blickwinkel und gibt Mut und Hoffnung: „Wofür bin ich dankbar, trotz mancher Schwierigkeiten?"

* Lasst euch genügen, an dem was da ist.[79]
Auf der Suche nach dem optimalen Genuss, wird man nie wirklich Frieden im Herzen finden, denn dauerhaftes Lebensglück ist nicht eine Sache, die man durch möglichst viel Besitz oder Genuss erfahren kann. Die ständige Suche nach dem optimalen Erlebnis, bewirkt gerade das Gegenteil. Sie lässt uns nie zufrieden sein.

Welche dieser Bibeltexte möchte ich mir gerne auf ein Blatt oder auf eine Karte schreiben, damit ich daran immer wieder erinnert und dadurch ermutigt werde?

---

[79] Hebräer 13,5

HIMMLISCHE THERAPIE

In diesem Kapitel wird eine biblische Geschichte beschrieben, die zeigt, wie Gott mit jemandem umgeht, der sich nach einer Krise körperlich und psychisch völlig erschöpft in einem falschen Denkmuster verloren hat.

Vorgeschichte (1. Könige 16-18)

Elia, ein Prophet Gottes, der im 8. Jh. v. Chr. lebte, war am Ende seiner Kräfte. So viel war in seinem Leben an Ungerechtigkeiten und Angriffen geschehen.

1. Zuerst der Disput mit König Ahab von Israel, weil der König sich dem Wettergott Baal zugewandt hat.

2. Dann die lange Dürre, die Elia ankündigen musste, mit der Gott den König zur Vernunft bringen wollte. Das ganze Land und auch Elia sind davon betroffen.

3. Kein wahrer Prophet konnte in der Öffentlichkeit auftreten. Viele seiner Mitstreiter sind durch die Königin Isebel, die Frau Ahabs, getötet worden.

4. Seine Flucht und die Zeit bei der Witwe in Zarepta und die Sorge um deren krankes Kind.

5. Schließlich die Rückkehr nach Israel, sein Konflikt mit dem König Ahab und der Wettstreit mit den Propheten des Wettergottes Baal.

6. Die Königin Isebel droht Elia mit dem Tod und der Prophet gerät in Panik und flüchtet.

Gewiss, bisher war Gott die ganze Zeit über bei ihm und hat ihn nicht im Stich gelassen: er hat ihn mit Nahrung und einem Dach über dem Kopf versorgt, hat das Kind der Witwe geheilt, den Wettstreit mit den Baals-Propheten gewonnen und endlich wieder Regen geschickt. Doch nach der Morddrohung von Isebel war das Elia alles zu viel. Er war an die Grenzen seiner Kräfte gekommen; er floh und brach psychisch zusammen.

Flucht und Isolation
1. Könige 19, Vers 3: Elia floh in die Wüste. Er lief um sein Leben. Er ließ seinen Diener zurück und war ganz allein unterwegs. In einer Krise besteht immer die Gefahr sich zu isolieren. Diese Isolation führt dazu, dass man mit seinen Gedanken allein ist und niemand hat, der einem eine andere Perspektive aufzeigen könnte. Wir brauchen in der Krise ein Gegenüber. Rückzug ist die falsche Entscheidung, denn das verschlechtert eher die Situation.

Resignation
Vers 4: Elia setzte sich unter einen Wacholderstrauch und wünschte sich zu sterben. Die Isolation führt meist zu einem Grübeln über die Lebenssituation. Die Lage wird in Form von einem zu viel Denken immer wieder durchgekaut, lässt uns aber psychisch ermüden. Die

sogenannte Lageorientierung führt meist nach unten. Lageorientierung heißt zu überlegen wie bin ich in die Situation gekommen und was hätte ich anders machen sollen. Es ist eine frustrierende und kräfteraubende Erfahrung ständig über die Vergangenheit nachzudenken und davon auszugehen, dass nur diese an meinem jetzigen Zustand schuld ist.

Erschöpfung

Vers 5: Elia war müde! Sein Körper sagte ihm, dass er Ruhe braucht. Oft nehmen wir eher etwas über den Körper wahr. Wenn man sich nicht um seine psychischen und emotionalen Bedürfnisse kümmert, dann bringt das die körperlichen Funktionen aus dem Gleichgewicht. Umgekehrt führt auch die Vernachlässigung körperlicher Bedürfnisse zur psychischen Erschöpfung. Es macht Sinn, sich zuerst um die rein biologischen Gesetzmäßigkeiten zu kümmern.

Schlaf und Nahrung

Verse 5+6: Elia benötigte jetzt einfach Schlaf und Nahrung. Er musste sich mal so richtig ausschlafen, um wieder zu Kräften zu kommen. Vielleicht haben wir uns überfordert und sind nicht rechtzeitig ins Bett gekommen. Wenn das so über mehrere Wochen dahin geht, braucht man sich nicht wundern, wenn man schlecht gelaunt ist und vielleicht sogar in Schwermut verfällt. Und wenn die erfolgreichen Erfahrungen auch noch so groß sind, der Mensch bleibt Mensch und soll auf seine körperlichen Grenzen achten. Der Körper teilt uns diese Grenzen mit. Ein Engel kümmerte sich um die körperlichen Bedürfnisse von Elia. Es gab geröstetes Brot und Wasser. „Steh auf und iss!", forderte der Engel Elia auf. Anschließend legte er sich wieder hin und schlief.

Abstand und Bewegung

Vers 7+8: Im nächsten Schritt weckte der Engel Elia wieder auf. Er forderte ihn wieder auf zu essen, aber nicht um sich dann nochmal umzudrehen, sondern es ging auf eine weite Wanderung. Das Essen gab Elia so viel Kraft, dass er 40 Tage unterwegs sein konnte. Er konnte räumlich und geistig Abstand zu den Ereignissen in seinem Land gewinnen. Auch durch die tägliche Bewegung stabilisierte sich seine Psyche.

Erzählen

Verse 9-14: Elia fand eine Höhle, wo er übernachten konnte. Dort sprach Gott zu ihm: „Was machst du hier, Elia?" Wusste Gott denn nicht, was mit ihm los war? Warum stellte Gott ihm diese Frage? Das musste eine spezielle Funktion haben. Elia konnte seine Situation schildern. Elia hatte ein Trauma hinter sich und indem er darüber sprach, konnte er es verarbeiten. Er durfte seine Ängste aussprechen und Gott ließ ihn reden. Er argumentierte mit Elia nicht, sondern hörte ihm einfach zu. Wer etwas ausspricht oder aufschreibt, der kann das Geschehene leichter verarbeiten.

Stille

Gott wollte Elia noch eine besondere Erfahrung schenken. Er sollte aus seiner Höhle kommen und Gott begegnen: „Der Herr wird vorüber gehen!" Ein Sturm kam auf, so dass Felsen zerbrachen. Doch Elia begegnete Gott nicht im Sturm. Danach kam ein Erdbeben, aber Gott war nicht im Erdbeben. Dann kam ein Feuer, doch Gott war nicht im Feuer. Dann hörte er nach den geräuschvollen Zeichen ein stilles, sanftes Sausen. Plötzlich nahm er die Gegenwart Gottes wahr. Im Sturm, Erdbeben und Feuer erlebte er nicht die Nähe Gottes, aber dann, wo nur ein leiser Hauch über die Landschaft zog, verhüllte er sein Gesicht. Er begegnete Gott in der Stille. Was bedeutet das für uns? Wir brauchen, die ganz persönliche Stille vor ihm. Gott begegnet uns in der Stille. Hier können wir auftanken. Jeden Tag dürfen wir uns stille Momente gönnen, in denen wir für 10 Minuten die Augen schließen und uns entspannen. Es ist erwiesen, dass der Körper intensiv und positiv auf Stille reagiert.

Dazu ermutigen uns viele Aussagen der Bibel:

Psalm 37,5: Werde ruhig vor dem Herrn und warte gelassen auf sein Tun!

Psalm 46,11: Seid stille und erkennet, dass ich Gott bin!

Psalm 62,2: Meine Seele ist stille zu Gott, der mir hilft.

Psalm 62,6: Aber sei nur stille zu Gott, meine Seele; denn er ist meine Hoffnung.

Psalm 65,2: Gott, man lobt dich in der Stille zu Zion, und dir hält man Gelübde.

Jesaja 30,15: Denn so spricht Gott der HERR, der Heilige Israels: Wenn ihr umkehrtet und stille bliebet, so würde euch geholfen; durch Stille sein und Vertrauen würdet ihr stark sein.

Habakuk 2,20: Aber der HERR ist in seinem heiligen Tempel. Es sei stille vor ihm alle Welt!

Elia erfuhr, dass er die Stille benötigte, um wieder zu Kräften zu kommen. Gott fragte Elia ein zweites Mal: „Was machst du hier?" Er sollte nach dieser Erfahrung der Stille vor Gott alles nochmal erzählen. Sicher konnte er jetzt mit einem gewissen Abstand davon berichten, weil er zuvor Gott in der Stille begegnet war. Er konnte sich damit von den kräfteraubenden Erfahrungen der Vergangenheit lösen.

Neue Aufgaben

Verse 15-18: Nachdem er seine vergangenen Erlebnisse geschildert hatte, sollte er sich auf die kommenden Aufgaben konzentrieren. Die Krisen werden chronisch, wenn wir uns nicht von der Vergangenheit lösen können. Entweder weil wir uns selbst nicht verzeihen oder anderen nicht vergeben können. Doch der Blick in die Vergangenheit soll einen abschließenden und befreienden Charakter bekommen. Gott möchte, dass wir uns nach vorne ausrichten. Paulus schrieb dazu: „Ich lasse alles hinter mir und sehe nur noch, was vor mir liegt."[80]

Elia bekommt einige Aufträge:
1. Er soll Hasael zum König von Aram salben
2. Und Jehu soll er zum König von Israel salben
3. Und er soll Elisa zu seinem Nachfolger erwählen

Dieser Blick auf die zukünftigen Aufgaben war ein Teil der Therapie Gottes. Elia sollte erfahren, dass er weiterhin Gottes Werkzeug war. Das Vertrauen, dass wir von Gott geführt sind und unser Leben sinnvoll ist, gehört zu den wichtigsten seelischen Grundlagen für ein erfülltes und glückliches Leben. Wie sah die Therapie Gottes mit Elia aus? Fassen wir die Geschichte zusammen.

---

[80] Philipper 3, 13

Gottes Therapie

1. Gott kümmerte sich um die körperlichen Bedürfnisse Elias. Er konnte sich mal richtig ausschlafen und essen. Der Körper muss wieder ins Gleichgewicht kommen. Darauf sollte man sein erstes Augenmerk richten. Das kann neben Nahrung und ausreichend Schlaf auch eine medizinische Behandlung sein.

2. Gott sorgte für eine Distanz zum Problem und zu den Ereignissen der Vergangenheit. Wir müssen auf Abstand zu dem Problem und der Krise gehen, damit wir wieder Kraft tanken können. Dadurch kommen auch die Emotionen wieder ins Gleichgewicht.

3. Gott führte ihn in die Stille. Dort begegnete er Gott, der ihm damit neue Kraft gab. Die Stille steht für die Entspannung. In diesem Zustand können wir besser denken und entscheiden, deshalb ist eine zeitlich begrenzte Distanz in einer reizarmen Umgebung sinnvoll. Ich kann mir sagen: Ich gönne mir jetzt eine gute Zeit, um Kraft zu tanken.

4. Gott hatte neue Aufgaben für Elia. Er sollte Sinn und Ziel seines Lebens nicht aus den Augen verlieren. Der Blick nach vorne ist wichtig, um Altes ablegen zu können. Sich auf neue Aufgaben zu fokussieren hat einen

heilenden Effekt, auch wenn sich manche alten Probleme nicht vollkommen in Wohlgefallen auflösen.

Krise als Chance

Die Erfahrung einer Krise bietet im Nachhinein einen Lerneffekt. Das ist keine Phrase, denn wesentliche Lernschritte haben wir meist durch Krisen gemacht.

1. Meine Grenzen wahrzunehmen, kann einen zukünftigen Schutz bilden, wenn ich in ähnliche Situationen gerate. Es kann helfen mehr Verständnis für meine Grenzen und mehr Mitgefühl für die Mitmenschen zu entwickeln. Das wiederum führt zu engeren Beziehungen und lässt auch die Prioritäten des Lebens neu ordnen.

2. Als Elia sich unwürdig und schlecht fühlte, war er dabei alles hinzuwerfen und aufzugeben. Doch Gott stärkte ihn körperlich und half ihm psychisch. Er erkannte, dass Gott ihn trotzdem liebt und verwenden will. Das hatte ein heilende Wirkung. Für mich bedeutet das: Ich bin trotz meiner Unvollkommenheit von Gott geliebt und gehalten. Er hat eine Aufgabe für mich. Ich bin gehalten, auch wenn ich manchmal überfordert bin. Gott hilft mir und kümmert sich um mich, wie damals um Elia.

3. Elia hatte eine neue Gotteserfahrung gemacht und ein weiteres Aufgabenfeld bekommen. Krisen können mir demnach helfen, neue unbetretene Wege und Aufgaben zu erkennen und dabei auch eine neue vertiefende Begegnung mit Gott zu erleben.

Die Erfahrung Elias zeigt, wie Gott mit Krisen im Leben eines Menschen umgeht. Gott war der Therapeut und half Elia, seine Not zu verarbeiten und wieder nach vorne zu blicken. Mit seinen ganzen menschlichen Begrenzungen vertraute er sich dem Gott an, der ihn liebte und verwenden wollte. Elia war ein Kind Gottes. Und auch wir sind durch Jesus Christus Kinder Gottes. Wir sind von Gott geliebt, geführt und angenommen.

Welche Erfahrungen, ähnlich denen von Elia, sehe ich in meinem Leben? Welche Lösungsschritte dieser Geschichte möchte ich für mich anwenden?

AUSKLANG

Als ich mit meinem Auto unterwegs war, hörte ich das bekannte Lied „Don`t worry, be happy!" von Bobby McFerrin. In dieser Zeit war ich gerade dabei Gedanken und Bücher zum Thema „Grübeln" zu sammeln. Dieser Text hat mich angesprochen: „Sorge dich nicht, sondern sei glücklich!" Und McFerrin singt weiter: „In every life we have some trouble, when you worry you make it double." Das stimmt und kann sehr gut auf das Grübeln angewandt werden: „Jeder hat in seinem Leben Probleme, wenn du dich zu viel sorgst, dann verdoppelst du sie." Sich nicht zu sorgen, geht natürlich nicht immer so leichtfüßig wie das Lied vermitteln will. Aber gerade Menschen, die viel über ihre Lebenssituation grübeln, vervielfachen ihre Schwierigkeiten. Dort, wo durch „zu viel denken" Energie nutzlos verbraucht wird, gilt es, diese sinnvoller einzusetzen. In der Bibel finden wir auch die Aufforderung uns nicht übermäßig, um unsere Existenz zu sorgen.[81] So eine Aussage hat nur Sinn, wenn wir durch unsere bewussten Entscheidungen unser Leben in eine neue Richtung lenken können. Das ist nicht

---

[81] Matthäus 7, 19-34

immer einfach, aber konkrete Schritte sind sinnvoller als sich dem Grübeln wehrlos auszuliefern. Ich habe aufgezeigt, dass der Unterschied zwischen Reflektieren und Grübeln in der Aktivität bzw. in der Passivität liegt. Wer grübelt, hat meist schon einige Warnsignale der Gefühlswelt ignoriert und steckt in einer Problemorientierung, in der eher nach Ursachen als nach konkreten Lösungen gesucht wird. Wer viele Monate über etwas grübelt, ist gefährdet in einer negativen Gedankenspirale hängen zu bleiben und sich gesundheitlich zu schädigen. Folgende mögliche Ursachen für das verstärkte Grübeln in der heutigen Zeit wurden angeführt: Das Wertevakuum, unsere Ansprüche, der Wunsch nach schnellen Lösungen, die Ichbezogenheit, die Erlebnisorientierung und das Ignorieren von permanenten negativen Gefühlen. Frauen stehen in der Gefahr durch ihre spezifisch weiblichen Fähigkeiten und ihre vielfältigen Aufgaben wie Familie und Beruf eher zu grübeln.

Das Grübeln kann sich verfestigen, weil das andauernde Suchen nach den Ursachen und die Überzeugung der Hilflosigkeit keine neue Erfahrung bringen. Negative Netzwerke im Gehirn werden dadurch in ihrem Zusammenspiel getriggert. Erinnerungen und Gefühle malen ein schwarzes Bild der Vergangenheit, Gegenwart und Zukunft. Das Gespräch über Defizite und Schwächen verstärkt die Problemorientierung und damit die Hilflosigkeit. Erst die Erkenntnis, dass diese Art der Problembewältigung nichts bringt, lässt den Betroffenen umdenken und nach anderen Lösungen suchen.

Ein erster Weg aus der Falle des Grübelns ist das Gespräch. Meist braucht man einen Menschen, der einen ermutigt, neue Zugänge zur Lebenssituation zu finden. Die unmittelbare und spürbare Entlastung durch Entspannung, Sport, Kreativität und Humor ist als weiterer Schritt hilfreich. Wer hier eine gute Erfahrung macht, kann erleben, dass man seiner Anspannung nicht machtlos ausgeliefert ist. Die unmittelbaren Entspannungsmöglichkeiten sollen durch einen Umdenkprozess unterstützt werden. Der Blick auf die Erklärungs- und Denkmuster kann helfen, neue optimistischere Deutungen des Lebens anzuerkennen.

Ein entscheidender Schlüssel ist die Hinwendung zu einer Aufgabe, die meine ganze Aufmerksamkeit fordert. Die Handlungsorientierung kann die Fixierung auf bestimmte Gedanken aufbrechen und die Gefühlswelt entlasten. Die Tätigkeit soll Freude machen, nicht unter- oder überfordern, und es soll klar sein, wann man sein Arbeitsziel erreicht hat.

Die lösungsorientierte Sichtweise hilft, die Möglichkeiten der Lebensgestaltung wahrzunehmen und damit Energien freizusetzen. Nun stehen die konkreten Schritte zu einer Verbesserung der Situation im Mittelpunkt. Der Blick auf den Sinn unseres Lebens mit all den Aufgaben und der Verantwortung lässt wieder Hoffnung aufkommen, dass dieses Leben wichtig und von Bedeutung ist.

Wir haben die körperlichen Bedürfnisse mit den acht Ärzten der Natur im Blick gehabt: Wasser, Ernährung, Ruhe, Training, Verbundenheit, Ohne Sucht, Licht, Luft. Die Gesundheit des Körpers zu fördern, bedeutet auch die Seele zu stärken. Die acht Ärzte sind „WERTVOLL", denn der Mensch ist vom Zusammenwirken und der Einheit psychischer und körperlicher Vorgänge geprägt.

Die Heilkraft des Glaubens bietet die Möglichkeit manches, was beschwert, loszulassen und im Vertrauen auf Gottes Zusage Frieden zu finden. Die Worte der Bibel fordern auch auf zu handeln und Dankbarkeit zu pflegen. Um das dunkle Tal des destruktiven Denkens zu verlassen, sind die vier Schritte Vertrauen, Loslassen, Handeln und Danken ein wirkungsvolles Mittel. Sie ermutigen uns, nach vorne zu blicken und nicht in der Vergangenheit hängen zu bleiben. Dazu haben wir Zusagen der Bibel gelesen, die uns auf die vier Schritte hinweisen. Wir haben anhand der Therapie Gottes mit Elia gesehen, wie wir Wege in eine neue Zukunft gehen können. Die Beachtung der körperlichen Bedürfnisse, der räumliche und zeitliche Abstand sind dabei wichtig geworden. Wie es möglich ist, die Vergangenheit für sich abzuschließen und wieder eine Aufgabe zu sehen, haben wir in dieser Geschichte kennengelernt. Obwohl der kulturelle Kontext anders ist, geht es doch um die gleichen Prinzipien, die man auf unser Leben anwenden kann.

Unschwer konnte man die Parallelen zwischen den psychologischen Erkenntnissen und seelsorgerlichen Ratschlägen erkennen. Ich möchte beide Zweige der Lebenshilfe zusammenfassen: „Erkenne in deiner Lebenssituation deine momentane Aufgabe, entscheide dich für diese und entwickle eine Strategie diese Aufgabe konsequent zu verfolgen. Konzentriere dich auf den Sinn deines Lebens und handle. Rede mit Gott, lerne ihn kennen, danke ihm, vertraue ihm, lies in der Bibel und handle danach."

Ich erinnere mich gerne an eine Wanderung, in den „Bad Lands" in South Dakota in den USA. Drei Tage marschierten wir durch dieses „schlechte Land". Es sah zuerst wie eine Wüste aus. Am zweiten Tag entdeckten wir einen kleinen Bach und die Landschaft wurde immer grüner. Am dritten Tag konnten wir aus einem trüben Fluss Wasser holen. Wir mussten es desinfizieren, aber wir waren froh, dass es irgendetwas zu trinken gab.

Wenn wir in der Grübelfalle sitzen, scheint es auch wie eine Wüste zu sein, die wir durchwandern müssen. Da sind wir anfänglich in einer trostlosen Umgebung unterwegs. Die Schritte aus der „Grübelfalle" sind ein langsamer Prozess, durch den man fähig wird, wieder „grüne Flächen" zu sehen. Durch eine optimistische und tatkräftige Einstellung können manche „trüben Gewässer desinfiziert" werden. Langsam kommt wieder die Überzeugung, dass dieses Leben ein gestaltbares und sinnvolles ist, und dass wir tatsächlich Möglichkeiten haben, die eigenen Gedanken und Gefühle in eine positive Richtung zu lenken.

Ich wünsche Ihnen, dass Sie mit Hilfe dieses Buches, Ihrer Mitmenschen und mit der Hilfe Gottes diese Erfahrung gemacht haben bzw. machen werden.

Mit lieben Grüßen,
Peter Zaiser

MEINE ENTSCHEIDUNGEN

In diesem abschließenden Teil geht es darum, welche Entscheidungen Sie treffen wollen. Alles, was man nicht innerhalb von einigen Tagen konkret umsetzt, geht verloren. Denn neue Gewohnheiten benötigen 60 bis 80 Wiederholungen, bis sie in den Alltag integriert werden.[82] Legen Sie dieses Buch nicht einfach aus der Hand und vergessen Sie den Inhalt, sondern blättern Sie es nochmals durch und notieren Sie sich jetzt konkrete Aspekte, die Sie umsetzen wollen. Einige Fragen auf den nächsten Seiten sollen ihnen dabei helfen, ihre Erkenntnisse und Entscheidungen gleich zu notieren. Dabei wird Ihnen auffallen, dass es keine Warum-Fragen gibt. Machen Sie sich das zur Übung, dass Sie in den nächsten Monaten die Warum-Fragen[83] stoppen, denn sie verleiten über Ursachen der Vergangenheit nachzudenken (Natürlich gehören Synonyme wie wieso, weshalb, weswegen, aus welchem Grund, … auch dazu ☺). Alle anderen W-Fragen sind erlaubt und sollen in die Aktivität und in die damit verbundenen Erfahrungen führen.

---

[82] Teismann/Ehring, S.48
[83] Ebenda, S.57

1. Welcher Gedanke in dem Buch hat mich emotional berührt und mir Hoffnung gegeben?

2. Was ist mir beim Lesen bewusst geworden?

3. Welche drei Anstöße aus dem Abschnitt über die Heilkräfte der Psychologie haben mich besonders angesprochen? Was möchte ich tun?

4. Welche drei Anregungen aus dem Abschnitt über die Heilkräfte der Natur will ich umsetzen?

5. Welche drei Gedanken aus dem Abschnitt über die Heilkräfte der Spiritualität sind mir wichtig geworden? Was will ich in meinen Alltag integrieren?

6. Mit wem könnte ich die weiteren Schritte umsetzen? Gibt es jemand oder sogar eine Gruppe? Hier könnte ich mir Personen aufschreiben:

7. Wann möchte ich damit beginnen? Wie lange möchte ich diesen Weg gehen, um dann zu reflektieren, was sich verändert hat? Ein Vorschlag wäre, dass man drei Monate einplant, reflektiert und dann sich nochmals drei Monate vornimmt.

8. Hier kann ich mir nach den ersten drei Monaten der praktischen Erfahrungen notieren, welche Entwicklung ich bei mir beobachte. Welche Verbesserungen habe ich wahrgenommen?

9. Nachdem ich die ersten drei Monate der praktischen Erfahrungen reflektiert habe, sollte ich mir überlegen, was ich nochmals angehen möchte oder welche weiteren Schritte ich gehen will.

10. Inwiefern hat sich nach Phasen der Umsetzung die Intensität des Grübelns verändert? Wie würde ich nach drei und nach sechs Monate meinen Leidensdruck beschreiben? Ich stelle mir eine Skala von 1 – 10 vor: 10 ist sehr belastend, 1 ist keine Belastung. Wie stark war die Belastung vor drei bzw. sechs Monaten? Wie ist die Belastung heute?

LITERATURVERZEICHNIS

Amberger Hermi, Wer glaubt, lebt länger, Verlag Überreuter, 2000

Bamberger Günther, Lösungsorientierte Beratung, Verlag Beltz, 2001

Bibel, Luther-Übersetzung, Deutsche Bibelgesellschaft, 2017

Bronner Gerhard, Spiegel vorm Gesicht, Deutsche Verlags-Anstalt, 2. Edition, 2004

Carnegie Dale, Sorge dich nicht - lebe! Scherz Verlag, 58.Auflage 1992

Csikszentmihalyi Mihaly, Flow-Das Geheimnis des Glücks, Verlag Klett-Cotta, 1995

Der Spiegel, Spiegel-Verlag, Nr. 7, 2006

Frankl Viktor, Trotzdem ja zum Leben sagen, dtv Verlag, 1984

Frankl Viktor, Der unbewusste Gott, Kösel Verlag, 8.Auflage 1991

Furmann Ben, Es ist nie zu spät eine glückliche Kindheit zu haben, 5.Auflage, Verlag Borgmann, 2005

Gaylin Willard, Gefühle, unsere lebenswichtigen Signale, Econ Verlag, 1991

Lukas Elisabeth, Psychologische Seelsorge, Herder Verlag, 1993

Nolen-Hoeksema Susan, Warum Frauen zu viel denken, Eichborn Verlag, 2004

Psychologie heute, Verlag Beltz, Nr. 3 / 2005; Nr. 9 / 2005; Nr. 1 / 2019

Rudolph Udo, Motivationspsychologie, Verlag Beltz, 2003

Schulze Gerhard, Die Erlebnisgesellschaft, Campus Verlag, 1997

Seligman Martin, Optimismus kann man lernen, Verlag Knaur, 1993

Stavemann Harlich H., Im Gefühlsdschungel, Verlag Beltz, 2001

Storch Maja, Das Geheimnis kluger Entscheidungen, Verlag Pendo, 2003

Teismann Tobias/Ehring Thomas, Pathologisches Grübeln, Verlag Hofrege, 2019

Watzlawick Paul, Irrwege, Umwege und Auswege, Verlag Hans Huber, 1984

Weissenfeld Peter, Wege aus der Grübelfalle, Verlag Herder, 2005

Zaiser Peter, Unser Leben voller Wunder-Tiefe Zufriedenheit und Lebenssinn erfahren, Verlag Book on Demands, 4. Auflage, 2022

Zaiser Peter, Wenn der Kopf zu viel denkt – Schritte aus der Grübelfalle, Diplomarbeit im Rahmen der Ausbildung für Lebens- und Sozialberatung, 2006

Bücher vom Autor: Unser Leben voller Wunder

Tiefe Zufriedenheit und Lebenssinn erfahren
© Peter Zaiser, 3. Auflage 2022, Books on Demand,
Norderstedt; ISBN 978-3-7543-4305-0

Bei genauerem Hinsehen sind wir, trotz Leid, Schuld und Tod, von vielen Wundern umgeben. Was bedeuten sie? Unsere Beziehungs-, Kommunikations- und Liebesfähigkeit, unsere Kreativität und unsere ethischen Antennen – was sagen sie uns über Sinn und Ziel unseres Lebens? Und wenn wir über die feine Abstimmung der Naturgesetze nachdenken, kann das alles Zufall sein? Der britische Physiker Stephen Hawking bringt seine Forschung auf folgenden Nenner: „Wenn ich wüsste, warum das Universum entstand, würde ich alles wirklich Wichtige wissen." Dieses Buch wird ihnen ermutigende und glaubwürdige Antworten geben, die zur Erfahrung von tiefer Zufriedenheit und Lebenssinn führen.

Rückmeldungen: Unser Leben voller Wunder

„Ich konnte gar nicht aufhören zu lesen. Habe das Buch in einer Nacht durchgelesen."　　　W.N. aus Deutschland

„Sehr interessant geschrieben und dann noch der lesefreundliche Text mit überschaubaren Abschnitten und angenehmer Schriftgröße."　　　I.R. aus Deutschland

„Ein sehr wertvolles Buch. Gefällt mir sehr gut!"
　　　R.R. aus Österreich

„Sie haben die Fähigkeit komplexe Themen verständlich zu vermitteln. Danke!"　　　M.B. aus Deutschland

„Ich bin begeistert von dem Buch und freue mich, dass ich es vielen meiner Freunde und Bekannten schenken darf."
　　　F.W. aus Österreich

Unser Leben von oben

144 Schritte durch die Offenbarung des Johannes, © Peter Zaiser, 2. Auflage 2020, Books on Demand, Norderstedt; ISBN 978-3-7494-2868-7

"Unser Leben von oben" bewirkt einen neuen ermutigenden Blick auf unsere Welt und unser Leben. Es schenkt Orientierung auf die wichtigsten Lebensfragen. Es bringt Frieden in unser Herz, weil es uns zeigt, dass Gott das Beste für uns will. Das Vertrauen wird stärker, loslassen wird leichter und die Dankbarkeit wird intensiver. "Unser Leben von oben" ist eine Mischung aus Kommentar, Meditation und Anwendung für das persönliche Leben. Ziel ist es, die konkrete sinngebende Bedeutung zu erfassen und eine Begegnung mit Gott zu fördern.

In kleinen Schritten gelingt es dem Autor die umfassenden Inhalte verständlich zu erklären und auf die eigenen Lebensthemen anzuwenden. Zuletzt wird der Leser einen sehr guten Überblick über die Struktur und die Botschaft der Offenbarung erhalten und im Vertrauen zu Gott und zum Leben gestärkt sein.

Folgende Fragen werden besprochen:

1. Woher kommt die Offenbarung des Johannes und warum wurde sie geschrieben?

2. Nimmt Gott Anteil an unserem Leben? Was ist ihm dabei für unsere persönliche Entwicklung wichtig?

3. Wie können wir erkennen, dass Gott gut und gerecht ist, obwohl Leid, Schuld und Tod die Welt dominieren?

4. Wie können wir mit Gott in Verbindung bleiben und das Vertrauen zu ihm festigen, trotz äußerer und innerer Widerstände?

5. Wen oder was bete ich an? Woher kommt die Anbetung der falschen Götter?

6. Wie sind der Zorn und das Gericht Gottes vereinbar mit der Vorstellung eines liebenden Schöpfers?

7. Können wir uns auf die Aussagen der Offenbarung verlassen?

Rückmeldungen: Unser Leben von oben

"Durch die Aufteilung in kleine Abschnitte liest es sich sehr gut. Ich bin überrascht über den neuen Zugang."

D.H. aus Deutschland

"Einfach großartig geschrieben und lässt sich auf das persönliche Leben gut übertragen. Ich habe gleich 10 Stück bestellt."

G.S aus Deutschland

"Danke, dass Sie dieses Buch geschrieben haben."

E.K. aus Österreich

Kontaktmöglichkeit

Wenn Sie mit dem Autor Kontakt aufnehmen und Rückmeldung geben wollen, können Sie folgende Emailadresse verwenden: **treff.leben@gmx.de**

Rückmeldungen:
Kraftvoll leben nach schweren Zeiten

"Das Buch ist hilfreich, weil es viele Lösungsmöglichkeiten anbietet. Sehr anschaulich sind die Kapitel über die Heilkräfte der Natur. An vielen Stellen ermöglicht es durch Fragen eine Selbstreflexion. Vom Umfang her, hat es der Autor richtig getroffen." I. C. aus Deutschland

"Der Ratgeber ist sehr gut zu verstehen, weil die Lösungswege klar formuliert und praktisch umsetzbar sind. Er bietet aus meiner Sicht auch eine gute Hilfe für Menschen, die Depressionen haben." T. N. aus Deutschland

"Ich werde es an eine Verwandte weitergeben, die mit negativen Gefühlen und Gedanken kämpft."

N. D. aus Deutschland

"Durch die am Beginn beschriebenen Schicksale fühlt man sich auch persönlich angesprochen und wird so gut in die Thematik hineingeführt." E. O. aus Deutschland